AF369341

PLAN

DE

CONSTITUTION MILITAIRE.

E R R A T A.

Page 16, *lig.* 12, armée, *lif.* arme.
Page 17, *lig.* 2, attachées, *lif.* attachés.
Page 17, *lig.* 26, formes, *lif.* réformes.
Page 18, *lig.* 25, les fupprimer, *lif.* le fupprimer.
Page 52, *lig.* 7, élevées, *lif.* éleves.
Page 56, *lig.* 22, uffifantes, *lif.* fuffifantes.
Page 70, *lig.* 14, eile, *lif.* elles.
Page 85, *note, lig.* 4, les fujets, *lif.* des fujets.
Page 109, *lig.* 19, pour fa former, *lif.* pour la former.
Page 123, *lig.* 4, *après le mot* concitoyens, *ajoutez* de.
Page 140, *lig.* 8, elles, *lif.* ils.
Page 140, *lig.* 11, elles, *lif.* ils.
Page 140, *lig.* 12, données, *lif.* donnés.
Page 170, *lig.* 8, arrivées, *lif.* arrivés.
Page 171, *lig.* 21, qui les auroient, *lif.* qui l'en auroient.
Page 198, *lig.* 11, régner, *lif.* rédiger.
Page 234, *lig.* 13 *de la note*, 3,862,000, *lif.* 5,862,000.
Page 239, *lig.* 3 *de la note*, capitains, *lif.* capitaines.
Page 243, *lig.* 2 *de la note*, 12,000,000, *lif.* 13,000,000.
Page 243, *lig.* 7 *de la note*, total 2000,000, *lifez* total 23,000,000.
Page 243, *lig.* 9 *de la note*, des compagnies des gardes-du-corps, *lif.* 2,000,000.

PLAN

DE

CONSTITUTION MILITAIRE,

PAR

M. le Marquis DE BOUTHILLIER, &c.

A PARIS,

De l'Imprimerie de LAPORTE, rue des Poitevins
Hôtel de Bouthillier ;

& se trouve

Chez BEUVIN, Marchand de Nouveautés, au Palais
Royal, Galeries de Bois, N° 227.

M. DCC. XC.

TABLE DES CHAPITRES

Contenus dans cet Ouvrage.

CHAPITRE I.

CHAPITRE II.

CHAPITRE III.

CHAPITRE VI.

CHAPITRE VII.

CHAPITRE VIII.

Fin de la Table des Chapitres.

PLAN,

GÉNÉRAL ET ABREGÉ;

D'UNE

CONSTITUTION MILITAIRE,

DANS TOUS SES DIFFÉRENS DÉTAILS.

Par M. le Marquis DE BOUTHILLIER, Colonel du Régiment de Picardie, Membre du Comité militaire à l'Assemblée nationale.

Un nouvel ordre de chofes demande de nouveaux moyens. Une révolution dans l'opinion néceffite un fyftême différent dans toutes les parties de l'adminiftration.

La conftitution actuelle de l'armée, préfente bien des incohérences & des abus : il faut les détruire & les réprimer : une imitation peu réfléchie des moyens employés dans les troupes des puiffances nos voifines, la rend peu analogue au caractère national ; l'arbitraire préfide à fa formation, à fa difcipline, à la diftribution des graces. Des loix fages & réfléchies doivent donner au militaire une confiftance qu'il n'aura jamais, tant que fon fort pourra dépendre uniquement de la volonté éphémère & changeante

A

des miniſtres ſe ſuccédant rapidement , toujours trop peu contenus , & jouiſſant , juſqu'ici,
d'une autorité trop deſpotique.

Il eſt des bâſes que les repréſentans de la
nation doivent poſer eux-mêmes, comme conſ-
titutionelles : il eſt des articles que le corps
légiſlatif ſeul peut déterminer , comme intéreſſant la ſûreté de l'empire , ou ſes revenus; je
le ſçais : mais il eſt auſſi des détails de formation particulière qui n'appartiennent qu'au roi.
C'eſt à lui, chef ſuprême du pouvoir exécutif,
à organiſer à ſa volonté la force publique ,
dont il eſt le dépoſitaire, & à preſcrire les règles
par leſquelles elle doit être conduite & admi-
niſtrée:je le ſçais encore; & ſi dans ce mémoire,
réſumé de tous ceux que j'ai rédigés d'une manière plus diſcutée ſur toutes les différentes parties qui peuvent tenir à la conſtitution militaire , je préſente des détails qui ſemblent
n'appartenir qu'au roi , ce n'eſt point comme
membre du comité militaire de l'Aſſemblée
nationale que j'écris; je ne ſoumets point au
corps légiſlatif mes réflexions ſur ceux de ces
objets que je ne crois pas de ſa compétence;
c'eſt au roi lui-même, c'eſt à ſes miniſtres que
j'oſe en adreſſer l'hommage: heureux , ſi quel-

qu'expérience acquife par une longue fuite de fervices, dans tous les grades, peut m'infpirer quelques idées qui paroiffent adoptables! Heureux fi l'armée reconnoit dans ce travail le zèle dont j'ai toujours été, & ferai toujours animé pour fon bonheur! mon but eft de lui prouver par là que toutes fes opérations qui pourroient avoir lieu d'une manière contraire à fes intérêts, ne font point dans ma façon de penfer, & ne font point le vœu unanime du comité militaire.

CHAPITRE PREMIER.

Force néceffaire de l'armée en général.

Sɪ la France ne confultoit que le nombre des troupes des puiffances fes voifines, il faudroit qu'elle entretînt conftamment fur pied deux cents mille hommes au moins, pour être en mefure avec elles.

Si elle ne confultoit que fa population de ving-cinq millions d'habitans, fes forces militaires, d'après les proportions établies par tous les publiciftes, pourroient être portées facilement à 350 mille hommes, puifqu'elles ne feroient alors que fur le pied de 1 fur 72 à-peu-près. Mais fi elle confulte en même-tems les befoins de fa marine, de fon commerce, de fon agriculture, elle verra qu'en énervant fes reffources par des armées de terre trop confidérables, elle nuiroit aux autres parties qu'elle a pour le moins autant d'intérêt à ménager. D'ailleurs, en examinant la pofition de fes frontières, défendues par les deux mers, par les Alpes, par les Pyrennées, & par des places fortes du feul côté par lequel elles puiffent être abordées avec facilité ; on reconnoîtra aifément qu'elle n'a pas befoin d'entretenir des armées auffi confidérables que fes voifins, toutes les fois que fon fyftême politique n'aura pour but que de fe mettre en état de fe défendre.

Tous fes befoins de défenfe calculés d'après les pofitions mêmes des poftes néceffaires à garder, doivent employer 134 ou 135 mille hommes. Son artillerie eft compofée à préfent de 8 à 9 mille hommes, il en réfultera que la force indifpenfable de l'armée doit être entre 142 & 143 mille hommes, fans compter les troupes néceffaires à la garde & à l'éclat du trône. Quoique militaires, & quoique faites pour être employées avec fuccès contre nos

(5)

ennemis, la nature de leur service habituel,
ne permet pas de les ranger dans la claſſe de
celles utiles pour la garde de nos frontières.

Cette force militaire ainſi réduite en temps
de paix, ne ſeroit certainement pas ſuffiſante
dans des momens de guerre; il faut qu'elle ſoit
organiſée de maniere à pouvoir être augmentée
en raiſon des beſoins & des événemens : les cir-
conſtances politiques pourroient nous mettre dans
la néceſſité d'oppoſer à nos ennemis des armées
en Allemagne, dans les Pays-Bas & en Italie,
ſans négliger pour cela nos côtes & nos colonies;
deux cent vingt mille hommes ſur pied nous ſeroient alors néceſſaires.

Les ſuccès d'une guerre dépendent ſouvent
de ſon début. Les moyens ordinaires du recrutement pourroient apporter des lenteurs dans
une pareille augmentation de quatre vingt mille
hommes. La prudence veut donc qu'indépendamment des 142 ou 143 mille hommes à tenir
continuellement ſur p'ed, nous entretenions pareillement une armée auxiliaire de cent mille hommes, inactive pendant la paix, mais toujours déſi-
gnée & toujours prête à renforcer l'armée de ligne,
lorſque la guerre exigeroit des moyens plus conſidérables.

A 3

Cette armée auxiliaire ne porteroit nos forces qu'a 242 mille hommes à peu près. Notre population connue nous permettroit, sans doute de plus grands efforts. Celui-ci seroit d'autant moins pénible que cent mille hommes ne serviroient pas habituellement, n'abandonneroient pas leurs travaux & leurs habitudes de citoyens, & ne seroient réellement dans le cas de faire partie de la véritable force militaire, que momentanément, & dans des cas de guerre extraordinaires.

CHAPITRE II.

Organisation de l'armée, en général.

UNE armée doit être composée, dans des proportions, établies de troupes de toutes les armes, c'est-à-dire de troupes à pied, de troupes à cheval, & de troupes d'artillerie ; elle doit être commandée, dirigée ou surveillée dans son ensemble, dans ses différentes subdivisions, dans ses travaux ou dans ses détails par des officiers de tous les grades, généraux ou particuliers, ingenieurs, officiers d'état-major ou commissaires des guerres.

Les troupes à cheval, d'après les calculs les plus usités, doivent être aux troupes à pied dans la proportion du quart au cinquième à peu-près, formant entre le cinquième & le sixième de l'armée au total ; mais comme les troupes à cheval demandent une instruction plus grande, & ne sont pas susceptibles d'une augmentation aussi forte que l'infanterie en temps de guerre, & par conséquent d'une réduction aussi considérable lorsqu'elle est finie, il faut outre·passer pour elles cette proportion établie, & les porter entre le tiers & le quart de l'infanterie pendant la paix. TROUPES A CHEVAL.

Il en est de même de l'artillerie, ses proportions connues doivent être le vingtième de la force totale ; sa composition actuelle est de 8585 hommes. Toute réforme dans un corps aussi instruit pourroit être fâcheuse, les augmentations à y faire en cas de guerre ne sont pas faciles, à cause de l'instruction nécessaire ; il doit paroître prudent de ne point diminuer son nombre, quoiqu'il fasse à peu-près le seizième de la force totale jugée indispensable à entretenir. ARTILLE-RIE.

Les proportions dans lesquelles les officiers doivent être aux soldats, ne sont pas bien exacte-ment déterminées ; elles varient dans tous les pays. OFFI-CIERS.

A 4

Chez les nations nos voisines, l'état d'officier est un moyen d'aisance, une profession à laquelle il se destine pour sa vie. Son régiment devient sa patrie, il le quitte rarement. La discipline la plus sévère retient les soldats par la crainte. Leur caractère national rend, pour ainsi dire, l'habitude de la contrainte innée dans leur esprit. Il faut moins d'officiers à leur service, & ils y ont toujours été dans une proportion moins forte que dans le nôtre.

En France, le caractère national, vif, ardent, & plutôt conduit par l'honneur que par la crainte, doit dicter des principes différens de discipline. L'exemple & les bons propos le mènent d'une manière plus certaine que les châtimens. C'est dans l'officier, c'est dans l'honneur qui doit l'animer que ces moyens peuvent se rencontrer plus essentiellement. Il faut donc pour conduire des soldats françois, & même souvent pour modérer l'ardeur que le courage leur inspire, des officiers en plus grand nombre que chez des nations dont le caractère flegmatique, rend leurs soldats plus passivement subordonnés. Ce n'est pas tout encore, l'officier françois appellé par un préjugé d'honneur au service, plutôt que par des motifs d'intérêt, a ses affaires,

ſa fortune à ménager, il ne peut reſter conſtamment à ſes drapeaux, il en faut donc un
plus grand nombre qu'on ne ſeroit dans le
cas d'en avoir, ſi leur ſervice pouvoit les fixer
conſtamment.

Les officiers de plus ſont des cadres précieux
à conſerver; de leur inſtruction dépend la bonté
des régimens, de laquelle dépendent à leur
tour les ſuccès de l'armée. L'habitude peut ſeule
la faire acquérir. Toutes créations d'emplois
nouveaux ſont fâcheuſes au début d'une
guerre. La prudence veut donc qu'on entre-
tienne à la paix, quelques réductions, qu'on
faſſe alors dans le nombre des ſoldats, la quantité d'officiers qui pourroient être utiles à employer à la guerre.

S'ils ſont plus nombreux en France que chez
les puiſſances nos voiſines, leur traitement n'eſt
pas auſſi conſidérable; c'eſt un tribut glorieux,
mais peu lucratif qu'ils payent à la patrie. En
diminuer le nombre, c'eſt détruire le goût militaire par l'impoſſibilité d'y obtenir des places,
ſubſtituer l'intérêt d'un traitement fixé au-delà
des beſoins réels, à l'honneur qui ſuffit ſeul
pour les appeller à cette profeſſion, c'eſt anéantir le préjugé. Il devient aujourd'hui d'autant

plus précieux à ménager que devant être partagé par toutes les claſſes des citoyens, il ne
peut qu'augmenter la maſſe de l'honneur, caractère déjà diſtinctif de la nation.

Enfin, ſeroit-ce dans un moment où cette
carrière honorable, jadis fermée à une partie
des citoyens, vient d'être ouverte à tous, dans
un moment où leur empreſſement leur fera de-
ſirer de partager les travaux des défenſeurs de
la patrie, qu'il ſeroit poſſible de rendre le décret qui vient de conſacrer leurs droits, pour
ainſi dire illuſoire, par une réforme trop conſidérable d'officiers, & par une diminution trop
forte du nombre des emplois auxquels ils ont
droit de prétendre.... Non, ſans doute, l'intérêt général de la nation doit donc empêcher
de chercher à aſſimiler la France aux proportions d'officiers établies dans les ſervices des
nations étrangères, dont l'imitation n'a ceſſé de
nous être funeſte depuis long-tems.

Les ordonnances actuellement ſubſiſtantes
établiſſent 11,672 officiers de tous les grades,
tant généraux que particuliers ou commiſſaires
des guerres ; mais dans ce nombre il en exiſte
pluſieurs pourvus d'emplois ſans fonctions réelles,
ou n'ayant qu'un ſervice mal réglé, dont l'utilité

n'eſt pas bien reconnue, en ſupprimant ceux de cette eſpèce, on peut réduire le nombre total des officiers entre neuf mille cinq cent & dix mille : en réformer un plus grand nombre, feroit déroger entièrement aux principes que j'ai cherché à établir ci-deſſus.

D'après ces obſervations, il feroit entretenu deux armées, l'une de ligne, l'autre auxiliaire forte de 100 mille hommes, & toujours prête à renforcer la premiere. L'armée de ligne réduite en tems de paix de 142 à 143 mille hommes, & fuſceptible d'être portée à la guerre à deux cent vingt mille hommes au moins, feroit compofée.

1°. De 102 à 103 mille hommes d'infanterie, organifée de maniere à être portée en tems de guerre entre 168 & 170 mille hommes.

2°. de 30 à 32 mille hommes de troupes à cheval, fufceptibles d'être portée à la guerre à 40 mille hommes au moins.

3°. De 8 à 9 mille hommes d'artillerie, fufceptibles pareillement d'être portés à la guerre entre 11 & 12 mille hommes.

4°. Enfin de 9500 à 10 mille officiers de tous les grades, commiffaires des guerres, tant pendant la paix que pendant la guerre quelques foient les augmentations.

CHAPITRE III.

Organifation particulière des corps & des armées.

Les troupes, par la nature du fervice qu'on eft dans le cas d'en exiger, doivent être partagées en différens corps appellés *armées*, *divifions*, *brigades*, *régimens*, & chaçun de ces derniers doit être divifé en d'autres parties fous les dénominations de *bataillons* ou *efcadrons*, fufceptibles de fe partager eux-même en compagnies, fections, efcouades, &c. la meilleure formation de chacun de ces corps fera celle qui, en donnant plus de facilité pour les partager en autant de parties que les befoins d'un fervice divifé pourroient exiger, préfentera en même tems le plus de moyens pour les réunir avec aifance en des maffes folides & impofantes, lefquelles feules peuvent véritablement conftituer la force des armées. La formation la plus avantageufe fera celle qui, fans trop multiplier les différens corps, en entretiendra néanmoins fur pied un affez grand nombre pour pouvoir recevoir toutes les augmentations néceffaires, fans mettre dans le cas d'en lever de nouveaux à la guerre, qui fervent rarement bien dans leur début.

Enfin, la formation préférable dans ce moment, fera celle qui, en n'admettant que les réformes abfolument indifpenfables, occafionnera le moins de fecouffes poffible, dérangera le moins les habitudes, les préjugés même de tous les individus, & fur-tout ne détruira pas l'efprit des anciens corps qui a fi fouvent fait leur gloire, & peut feul encore leur affurer de nouveaux fuccès. Toutes les armes, en raifon de leur fervice different, ne peuvent pas avoir la même formation, & ne peuvent pas être organifées de la même maniere; c'eft d'après ces principes, que je vais préfenter fucceffivement celles que je croirai devoir propofer pour chacune.

Formation de l'infanterie.

Depuis long-tems on agite la queftion de favoir de combien de bataillons les régimens d'infanterie doivent être compofés. Les uns prétendent que quatre bataillons forment une maffe plus folide pour faire la guerre, offrent plus de reſſources pour l'adminiſtration , & qu'enfin cette formation eſt économique par la diminution du nombre des états majors.

D'autres deſirent que chaque régiment ſoit compoſé de trois bataillons , dont deux de guerre , & un de garniſon. Les avantages de cette formation paroiſſent être de ſéparer les recrues pour les y dreſſer , de ſervir d'aſile aux ſoldats infirmes , & hors d'état de ſervir activement , de ne compoſer les deux bataillons de guerre que d'hommes agiles , forts & vigoureux , & enfin d'offrir un moyen aſſuré de dépôt ſur les frontieres pendant que les régimens ſerviroient à la guerre.

Quelques-uns voudroient qu'une partie des régimens fut miſe ſeulement à quatre bataillons , les autres reſtans à deux.

Quelques corps ſeulement plus nombreux ſuffiroient , diſent-ils , pour appuyer les droites & les gauches des lignes à l'armée , & offriroient des moyens d'émulation , en en confiant le commandement à des colonels anciens , & qui ſe ſeroient diſtingués dans la conduite des premiers régimens qui leur auroient été donnés.

Enfin quelques autres préfèrent la formation à deux bataillons , & deſirent qu'elle ſoit la

seule en usage dans l'infanterie. Les régimens,
disent-ils, sont plus maniables, on peut les
faire mouvoir & les établir avec plus de facilité, leur administration peut être plus uniforme, & l'on peut à la guerre, en les réunissant en brigades, en tirer le même parti pour
le service, que s'ils étoient à quatre bataillons,
sur-tout si la formation des brigades, ayant lieu
pendant la paix, telle qu'elle devroit exister à
la guerre, peut mettre les régimens, destinés
à servir ainsi réunis, à portée de se connoître,
de prendre un même esprit, & de s'amalgamer, pour ainsi dire, les uns avec les autres.

Tous nos établissemens militaires ne conviendroient pas à des régimens de quatre bataillons,
il faudroit nécessairement les diviser souvent.
L'instruction, la discipline & l'administration
souffrent toujours, lorsque les corps sont partagés, & la petite économie que pourroit procurer
la suppression de la moitié des états-majors, ne
balanceroit pas certainement ces inconvéniens,
& en présenteroit en outre un bien considérable,
par une diminution aussi forte dans le nombre
des emplois supérieurs, seuls capables d'entretenir l'émulation, par les espérances de l'avancement.

Un certain nombre de régimens à quatre bataillons pourroit exciter, il eſt vrai, celle des chefs qui pourroient ſe flatter d'être appellés à les commander; mais l'organiſation de tous les corps n'étant pas la même, les principes de leur adminiſtration différeroient en raiſon de leurs moyens différens ; & ſi ces diſtinctions accordées à quelques anciens régimens pouvoient y maintenir un eſprit de corps plus avantageux, l'expérience a prouvé qu'elles étoient fâcheuſes, en établiſſant entre des régimens de la même armée, des eſpèces de préférences pour des garniſons meilleures, que la force ſeule de ces régimens néceſſite, mais qui occaſionnent la jalouſie des autres, qui les enviſagent comme des faveurs. Toutes les diſtinctions produiſent cet effet fâcheux.

La formation des régimens à trois bataillons, dont un de garniſon, pourroit être très-bonne, ſi le nombre des troupes étoit très-conſidérable, mais en les réduiſant pendant la paix aux beſoins ſtrictement néceſſaires du ſervice, c'eſt encore les diminuer de toutes celles qui compoſeroient ces bataillons, c'eſt établir des fonctions d'officiers & de bas-officiers différentes dans le même régiment, en deſtinant les uns

à

à commander des compagnies actives, tandis que les autres ne feroient attachées qu'a des dépôts de recrues ou d'infirmes, c'eft renoncer parlà à la poffibilité de rendre les compagnies aux capitaines, opération peut-être défirable pour rapprocher davantage les officiers & les foldats par les liens d'un intérêt commun. Les avantages de cette formation pourroient être aifément remplacés à la guerre par l'établiffement de compagnies auxiliaires qui n'auroient lieu que pendant ce temps, & qui, compofées alors d'officiers & de bas officiers hors d'état de fervir, foit réellement, foit momentanément, ne mettroient pas dans le cas d'y voir employer des officiers actifs, & qui pourroient êre utiles, ce qui arriveroit immanquablement, fi le tour y plaçoit pendant la paix.

Toutes les variations fi multipliées que l'armée a éprouvées depuis 20 ans, n'ont pas peu contribué au dégoût univerfellement répandu. Quel effet ne produiroit pas dans tous les efprits une réforme confidérable qui priveroit de leur état autant d'individus de toutes les claffes, ou une refonte totale, laquelle par des incorporations peut-être plus fâcheufes encore que des formes, détruiroit leurs habitudes, leurs efpé-

B

rances d'avancement, dans un moment où l'ancienneté va reprendre fes droits, & les forceroit, pour ainfi dire, à fe reporter au moment
de leur entrée au fervice, par les nouvelles connoiffances qu'ils auroient à faire, ou à acquérir:
le mieux eft toujours ennemi du bien. La formation actuelle à deux bataillons n'eft pas fans
doute fans défaut, mais elle exifte; elle a peut-
être quelques abus, mais ils font légers en com-
paraifon de ceux d'une deftruction totale, il faut
chercher à les fupprimer, & pour cela il eft inutile de tout anéantir. Je penfe donc que la formation actuelle, à quelques modifications près,
doit paraître préférable.

Les ordonnances établiffent dans chaque régiment un major en fecond; c'eft un emploi inutile dans fes fonctions, peu inftructif par l'efpèce
de fon fervice, ridicule dans fon choix, par le
commandement qu'il donne à celui qui en eft
pourvu, fur tous les capitaines, dans un âge où
l'on ne devroit qu'aprendre à obéir; enfin, inadmiffible aujourd'hui, par la diftinction qu'il
femble établir dans l'avancement, en admettant
deux claffes différentes parmi des officiers fer-
vans la même patrie; il faut les fupprimer.

Elles y établiffent auffi des cadets-gentils-

hommes, leur nombre n'eſt pas aſſez conſidérable pour offrir des reſſources de débouchés.
Leur traitement eſt trop modique pour ſervir
à leur entretien. Leur état entre celui d'officier
& celui de ſoldat eſt trop incertain pour que
leur exiſtence ne ſoit pas ſouvent précaire ; ce
ſont des emplois à réformer.

Les mêmes ordonnances enfin placent un
officier en ſecond de tout grade par compagnie. Le zèle & l'intérêt ne peuvent pas être
les mêmes dans des fonctions dont on n'eſt
pas ſpécialement chargé. Les compagnies ſont
trop fortes ; on a penſé, ſans doute, alors qu'on
releveroit l'état de capitaine par un commandement plus nombreux, mais le but a été manqué. Ce ſont les égards, la conſidération qui
font reſpecter un grade, & non le nombre
d'hommes qu'on lui confie. Le ſervice y a perdu,
en conſacrant à la nullité, pour ainſi dire, la
moitié des officiers qui n'ont plus été qu'en ſecond ; & il n'en eſt réſulté pour les capitaines-
commandans que les embarras d'une adminiſtration plus compliquée, que la difficulté de
connoître tous les individus de leurs compagnies, trop fortes pour n'être pas expoſés à
des variations conſidérables tous les ans, &

enfin que les vexations, & par conséquent les humiliations attachées à des détails trop minutieux, & trop multipliés, qu'on a voulu exiger d'eux.

Pour remédier à ces inconvéniens, il ne faut que dédoubler les compagnies actuelles. Chaque officier sera remis à sa place, en activité réelle dans son grade, & il n'en résultera aucune réforme, ni aucune variation affligeante pour personne.

D'après ce projet, chaque régiment d'infanterie sera composé à l'état major,

D'un colonel,

De deux lieutenans-colonels, (1).

D'un quartier-maître,

De deux porte-drapeaux,

De deux adjudans,

D'un tambour-major,

D'un maître tailleur,

D'un maître cordonnier,

D'un maître armurier,

Et de seize enfans du corps (2).

---

(1) Le grade de major sera supprimé, (voyez, ci-après, au chapitre de l'avancement aux grades.

(2) Ils m'ont paru mieux placés à l'état-major,

Chaque bataillon fera divifé en dix compagnies, dont une de grenadiers, une de chaffeurs, & huit de fufiliers.

Chaque compagnie, foit de grenadiers, chaffeurs ou fufiliers, fera commandée par un capitaine, un lieutenant, un fous lieutenant, un fergent major, chargé de la difcipline & inftruction, & un fourrier chargé de l'adminiftration. Elle fera partagée en deux fections, commandées chacune par un fergent ; la première fous les ordres du lieutenant, la feconde fous ceux du fous-lieutenant. Enfin chaque fection fera divifée en deux efcouades, commandées chacune par un caporal, & compofées, en tems de paix, de dix grenadiers, chaffeurs ou fufiliers, & de dix-huit en tems de guerre, par une augmentation de huit hommes dans chacune. Le plus ancien de chaque efcouade aura le titre & la haute-paie d'appointé, mais fans aucun commandement (1).

---

que dans des compagnies où ils ne peuvent pas faire une force réelle.

(1) L'ancienneté peut fort bien ne pas donner feul l'aptitude au commandement. Cela pourroit avoir quel-

Il fera attaché à chaque compagnie un tambour & un frater-perruquier (1), en tems de paix, & un fecond tambour & un fecond frater feulement en tems de guerre.

Par ce moyen chaque régiment fera commandé, en tems de paix, par 66 officiers de tous grades. Il aura en outre un chirurgien-major, payé fur la maffe des hôpitaux, & fera compofé de 22 hommes à l'état-major, & de mille fergens majors, fourriers, fergens, caporaux, appointés, tambours, fraters, grenadiers, chaffeurs & fufiliers, répartis en vingt compagnies de 50 hommes chacune, & formera 1022 hommes en totalité. Il fera augmenté, en tems de guerre, de 32 grenadiers, chaffeurs ou fufiliers, d'un tambour & d'un frater par chacune de fes compagnies, ce qui portera leur force particulière à 84 hommes, & celle totale du régiment à 1702 hommes, fans né-

---

qu'inconvénient. Un fuppléant, caporal, le remplacera dans l'efcouade, & fera choifi parmi ceux défignés pour ce grade.

(1) Néceffaire pour la propreté. Le foldat le payoit, il faut lui épargner cette dépenfe en en établiffant un.

ceſſiter aucune augmentation dans le nombre de ſes officiers & bas officiers.

Cette formation m'a paru bonne. Le nombre pair ſubſiſte toujours dans le bataillon. Il peut être ſuſceptible de ſe rompre ainſi dans toutes ſes ſous-diviſions, quand bien même ſes compagnies d'élite en ſeroient détachées.

En tems de guerre, ſa force de 840 hommes, permet tous les détachemens & tous les ſervices, ſans trop diminuer ſon front ; & ſa force réduite à 500 hommes, en tems de paix, le laiſſe encore ſuſceptible de toutes les formations, ſoit développées, ſoit en colonnes. Dans l'ordre de bataille, deux compagnies compoſeront une diviſion ; chacun d'elles formera ſon peloton & ſes deux ſections ; & enfin chaque officier & chaque bas officier ſera attaché pour les manœuvres, aux mêmes portions de la compagnie dont il ſera chargé pour la diſcipline intérieure.

Les régimens ſuiſſes ont une formation un peu différente de celle de l'infanterie. Leurs capitulations l'ont déterminée, ainſi que leur traitement & leur adminiſtration : elles doivent paroître ſacrées ; par ce moyen, chaque régi-ment ſuiſſe continuera, en tems de paix, d'être

commandé par 66 officiers de tous les grades.
Il aura un chirurgien-major payé comme à préfent par le roi, un aumônier ou un miniftre, &
même tous les deux dans les régimens mi-parties
catholiques & proteftans, & fera compofé de
977 hommes, dont neuf à l'état-major, en y
comprenant quatre garçons chirurgiens, & 968
répartis en deux compagnies de grenadiers de 52
hommes chacune, & en feize compagnies de
fufiliers de 54. Il fera augmenté feulement en
temps de guerre de 25 hommes, dont un tambour par chacune de fes compagnies, ce qui portera la force particulière des compagnies de grenadiers à 77 hommes, celle des compagnies de
fufiliers à 79, & la force totale du régiment
à 1427, fans augmenter, ainfi que dans l'infanterie, le nombre des officiers & des bas officiers.

Il exifte aujourd'hui 80 régimens d'infanterie
Françoife, y compris le régiment du roi pour
deux, 12 bataillons de chaffeurs à pied, 12 régimens d'infanterie Allemande, Liégeoife &
Irlandoife & 11 régimens Suiffes.

Il feroit à défirer fans doute de pouvoir conferver la totalité de ces corps; mais la loi impé-
rieufe de l'économie qui prefcrit des réductions

ne le permet pas, il faut diminuer le nombre des troupes à pied, en conséquence je propose de maintenir sur pied,

1°. Quatre vingt-dix régimens d'infanterie, tant Françoise qu'Allemande, Liégeoise & Irlandoise, forts chacun de 66 officiers, non compris un chirurgien major, & de 1022 hommes formans ensemble 5940 officiers, & 91,980 hommes, susceptibles d'être portés à la guerre à 153,180 hommes.

2°. Onze régimens Suisses, forts chacuns de 66 officiers, & de 977 hommes formans ensemble 726 officiers, non compris 30 chirurgiens majors & aumôniers, & 10,747 hommes susceptibles d'être portés à la guerre à 15,697.

Par ce moyen les troupes à pied seront composées, tant à la paix qu'à la guerre, de 101 régimens d'infanteries formant 202 bataillons, & de 6,666 officiers de tous grades. Elles seront réduites pendant la paix à 102,727 hommes, & resteront susceptibles d'être portées à la guerre à 168,887 hommes.

Différens avis semblent s'être élevés rélativement à la conservation des régimens étrangers; » Ils sont plus chers, dit-on, que les troupes » Françoises «. Leur dépense plus considérable

ne porte pas fur les traitemens particuliers, elle
n'a pour objet que les chefs, ou des moyens fu-
perflus de maffe, il eft aifé de remédier à ces
abus. » Ils font onéreux, ajoute t-on, aux au-
» tres régimens par l'afyle qu'ils donnent à leurs
» déferteurs, par l'embauchage même que quel-
» ques uns fe permettent fouvent «. Des ordonnances fagement prévues & févérement exécutées, peuvent s'y oppofer. « Ils ne font pas fuf-
» ceptibles, prétend-on encore, d'un fervice
» bien utile, a caufe de l'efpèce d'hommes
» qu'ils engagent, dans lefquels on ne peut pas
» avoir une grande confiance, & qu'il faut tou-
» jours veiller avec févérité. « L'expérience militaire a fouvent démontré que les foldats les
plus braves à la guerre, n'étoient pas toujours
ceux qui étoient les plus fages, & qui paroiffoient
les plus furs pendant la paix. » Enfin, dit-on,
» de telles troupes compofées de déferteurs, d'é-
» trangers mercénaires & foudoyés, feront tou-
» jours dans la main de l'autorité, & toujours
« prêtes à envahir la liberté «. Que peuvent 10
ou 12 mille hommes au plus, contre la liberté
de toute une nation conftamment affemblée en
légiflatures permanentes pour la déffendre. En
traitant ci-après de l'emploi des forces publi-

ques, je démontrerai facilement que toutes ces craintes, & toutes ces précautions projettées pour la conserver, font les moyens les plus assurés pour la détruire.

Si ces objections font trop frivoles pour motiver leur renvoi, la politique prescrit impérieusement de les garder. Avoués la plupart par des princes étrangers, qui leur permettent de recruter dans leurs états, ils servent à maintenir dans leurs pays des liaisons, ou au moins des relations souvent intéressantes. La prudence veut que, sur-tout à la guerre, les déserteurs soient accueillis. Aucun régiment François ne pourroit s'en charger sans déroger à son institution nationale. Les régimens étrangers seuls peuvent & doivent les admettre, ils ne doivent être composés que d'étrangers, & sous ce point de vue chacun de ces hommes en vaut trois : un de moins chez nos ennemis, un de plus en France comme habitant & consommateur, & un de plus laissé à l'agriculture du royaume, en conservant à ses travaux un François qui seroit obligé de servir, si cet étranger n'occupoit pas sa place. D'ailleurs dans un moment où l'Europe est en armes, où les projets de nos voisins ne font pas bien connus, feroit-il politique de diminuer par leur renvoi le nombre de nos forces, pour aller augmenter celles de quelqu'ennemi peut-être prêt à nous attaquer ; je ne puis le croire, & par toutes ces raifons, je perfifte à penfer que nous devons les conferver, & ne leur faire fubir de réforme qu'en proportion de celle à faire dans nos troupes nationales,

Formation des troupes à cheval.

Toutes les troupes à cheval dans une armée ne doivent pas avoir un fervice, ni une manière de combattre uniforme, ces différences les ont fait partager en trois claffes. La premiere comprend la cavalerie de ligne cuiraffée ; elle doit être armée lourdement, & montée fur des chevaux très grands, pour offrir une impulfion plus confidérable, & préfenter une maffe folide, capable de plus de réfiftance. La feconde comprend la cavalerie légére ou dragons, elle doit être montée fur des chevaux moins grands pour être plus légers, mais cependant affez folides, pour former auffi des maffes capables de réfiftance, & elle doit être armée de manière à pouvoir combattre foit à pied, foit à cheval; le but de leur inſtitution, les deſtinant à ce double genre de ſervice.

La troiſieme enfin comprend les troupes légères ſous les dénominations d'huſſards & de chaſſeurs à cheval, deſtinés à être toujours en avant, à éclairer les marches ou les flancs des armées, & à combattre en courant ; ils doivent être armés légèrement, & montés ſur des petits chevaux très légers, & peu chers, afin d'être remplacés avec plus de facilité, en raiſon des pertes plus fréquentes auxquelles la nature de leur ſervice les expoſe.

Les proportions dans leſquelles ces différentes claſſes de troupes à cheval doivent être entre-elles ne ſont pas bien exactement déterminées, & elles doivent varier néceſſairement en raiſon du local des pays plus ou moins ouverts ou découverts qui pourroient être le théâtre de la guerre.

Les puiſſances contre leſquelles nous ſommes dans le cas d'avoir la guerre, ont adopté le ſyſtême d'avoir une grande quantité de troupes légères. Elles les regardent avec raiſon comme propres à aſſurer la tranquillité de leurs armées qu'elles doivent éclairer, & à inquieter en même-tems celle de leurs ennemis ; ce ſyſtême doit devenir le nôtre, & en conféquence notre cavalerie de ligne ne me paroit devoir être que dans la proportion du tiers à la moitié avec nos troupes légères.

Quoique toutes les troupes à cheval ne doivent pas avoir le même genre de fervice, le nombre & la formation interieure des corps n'en doivent pas moins être combinées fur les mêmes principes, puifque (quelque foit leur fervice), leur réfultat commun doit être de fe former en ligne, finon habituellement pour quelques uns, aumoins momentanément dans certaines circonftances.

Depuis long-tems le nombre des efcadrons de chaque régiment, & celui des compagnies de chaque efcadron femblent des problêmes difficiles à réfoudre. On ne paroît pas plus d'accord fur leur force défirable. Il exifte à ce fujet une incertitude que les variations multipliées qui ont eu lieu depuis quelques années femblent encore n'avoir pu parvenir à fixer.

Il eft cependant des principes fondamentaux que tous les officiers de cavalerie experimentés paroiffent admettre.

Ils reconnoiffent tous que les troupes à cheval doivent offrir une maffe impofante, diftribuée de manière à pouvoir fe partager aifément en

plufieurs parties fufceptibles de fervir féparément, ou de fe réunir en différens enfembles
affez forts pour préfenter cette maffe qui conftitue leur force, fans avoir néanmoins un front
d'une étendue fufceptible de défunion & de
vacillation.

Ils femblent s'accorder à penfer que le nombre
des efcadrons manœuvrans doit être de quatre,
& que 96 hommes par chacun, formant 48 files,
non compris celles d'officiers, & offrant par conféquent une étendue totale d'environ 37 toifes,
font un nombre fuffifant pour les manœuvres;
enfin ils paroiffent convenir que la force de chaque efcadron ne devroit jamais excéder 120
hommes, attendu que 60 files, donnant un front
d'environ 47 toifes, il feroit à craindre qu'il n'y
eût de la défunion, ou du flottement s'il deve-
noit plus étendu.

Il paroît que les ordonnances actuelles ont
été combinées d'après ces principes. Chaque
efcadron eft compofé de 150 chevaux, nombre
néceffaire fans doute pour en avoir toujours 120
en état de manœuvrer, à caufe des chevaux de
remonte, infirmes ou malades; les régimens de
carabiniers, chaffeurs & huffards, font formés
à quatre efcadrons; & fi ceux de cavalerie & de

dragons ne le font qu'a trois, ces ordonnances annoncent en même-tems que leur formation habituelle doit être à quatre, & que l'infuf-fifance feule des moyens a empêché de les y porter.

Différens projets femblent propofer de porter les troupes à cheval à cinq efcadrons dont un de garnifon, deftiné à recevoir les chevaux de re-monte, & compofé principalement d'hommes à pied ou hors d'état de fervir activement. Les mêmes raifons qui m'ont fait regarder le troi-fième bataillon comme inadmiffible dans l'in-fanterie, me font penfer que le cinquième ef-cadron auroit les mêmes inconvéniens dans les troupes à cheval; & perfiftant toujours dans le même defir d'apporter le moins de changemens poffibles, je ne puis m'empêcher de préférer la formation actuelle à quatre efcadrons, comme occafionnant le moins de réforme, & confer-vant le plus les principes que j'ai établi ci-def-fus. Pour donner une formation uniforme à toutes les troupes à cheval, il ne s'agiroit que de porter à ce nombre d'efcadrons ceux qui ne font encore qu'à trois; mais fi la prudence ne permet pas d'y faire des réformes confidérables, à caufe de la difficulté de les augmenter en

chevaux

chevaux & en hommes inſtruits au moment d'une guerre ; l'économie défend d'y faire des augmentations.

Il faut donc que la formation à leur donner, diminue le nombre des uns, pour augmenter celui des autres, & qu'au lieu de chercher à mettre les eſcadrons manœuvrans à 120 hommes, en les compoſant de 150, elle ne porte leur force qu'à environ 120, afin de pouvoir toujours fournir 48 files à la manœuvre.

C'eſt d'après ces principes que je vais ſuivre, autant qu'il ſera poſſible, la formation preſcrite par les ordonnances actuelles, en cherchant à en ſupprimer les inconvéniens.

Elles établiſſent dans chaque régiment un major en ſecond, & un chef par chaque eſcadron.

Le premier n'eſt pas plus utile que dans l'infanterie ; le ſecond n'eſt ni officier ſupérieur, puiſqu'il ne commande qu'à ſon rang d'ancienneté, ni capitaine, puiſqu'il n'a pas de troupes. Son utilité n'eſt pas bien reconnue ; on penſe qu'il faut ſupprimer ces deux emplois (1).

Il en eſt de même des lieutenans ſurnuméraires : ils ſont attachés avec des appointemens

––––––––––––––––

(1) Les chefs d'eſcadron, ainſi ſupprimés, devroient reprendre des compagnies.

C

à la moitié feulement des compagnies d'un régiment, dans lefquelles ils font en fecond, tandis que l'autre moitié n'en a pas: enfin, il
exifte encore dans chaque régiment des capitaines & des fous-lieutenans de remplacement,
officiers fans fonctions & fans traitement; ils
ne coutent rien à la vérité, mais ils occupent
des places inutiles. Ils concourent avec les autres officiers à un avancement qu'ils ne méritent
pas, par un fervice égal; leur fuppreffion me
paroît devoir être prononcée.

D'après ces obfervations, chaque régiment de
troupes à cheval fera partagé en 4 efcadrons, &
fera compofé à l'état major,

D'un colonel,
De deux lieutenans-colonels (1).
D'un quartier-maître,
De quatre porte-étendards,
De deux adjudans,
D'un premier trompette,
D'un maître maréchal,
} à cheval.

----

(1) Le grade de major fera fupprimé, (voyez ci-
après au chapitre de l'avancement aux grades.

D'un maître fellier,
D'un maître tailleur,
D'un maître bottier,
D'un maître épronnier ar-
murier,
D'un maître culottier en
peau, (1).
De 8 enfans du corps, (2).

} à pied.

Chacun des quatre efcadrons fera divifé en deux compagnies. Chacune d'elles fera commandée par un capitaine, un lieutenant, un fous-lieutenant & un maréchal des logis en chef. Elle fera partagée en deux fections commandées chacune par un maréchal des logis, la première fous les ordres du lieutenant, la feconde fous ceux du fous-lieutenant. Enfin chaque fection

---

(1) Dans des régimens où l'on fait ufage de gands & de culottes de peau, cet ouvrier m'a paru auffi néceffaire qu'un tailleur. — Les régimens d'huffards & de chaffeurs portant des culottes hongroifes, n'en auront pas.

(2) Les enfans du corps m'ont paru mieux placés à l'état-major que dans des compagnies où ils ne peuvent faire force réelle.

fera formée de deux escouades, commandées chacune par un brigadier, & composées en temps de paix de 13 hommes, & de 17 en temps de guerre, tous montés, dont le plus ancien de chacune aura le titre d'appointé avec une haute-paye feulement, mais fans commandement.

Il fera attaché à chaque compagnie un trompette & un frater perruquier en temps de paix, & un fecond trompette & un fecond frater feulement en temps de guerre.

Ces deux hommes feront montés.

Par ce moyen, chaque régiment en temps de paix fera commandé par 32 officiers de tous grades, non compris un chirurgien major payé comme dans l'infanterie fur la maffe des hôpitaux, & fera compofé de 16 hommes à l'état-major, dont trois montés feulement, & de 488 maréchaux des logis en chef, maréchaux des logis ordinaires, brigadiers, trompettes, fraters, cavaliers, dragons, chaffeurs ou huffards, repartis en huit compagnies fur le pied de 61 hommes par chacune, formant en tout 504 hommes par régiment, dont 491 feulement feront montés (1). Il fera augmenté en temps de

____

(1) Les régimens d'huffards & chaffeurs, n'ayant

guerre de 19 hommes montés dans chaque compagnie, favoir d'un fourrier, d'un trompette, d'un frater & de quatre hommes par efcouade, ce qui portera la force de chacune à 80 hommes, & celle des régimens à 656 ou 655, dont 645 montés, fans néceffiter aucune augmentation dans le nombre de fes officiers & bas officiers.

Les ordonnances actuelles établiffoient quelques hommes non montés dans chaque compagnie. Ces hommes, moins chers que ceux à cheval, quoiqu'à pied, pouvoient s'inftruire pendant la paix, & fe trouver en état au moment d'une guerre, de fournir auffi-tôt les hommes montés, dont chaque compagnie devroit être augmentée; mais au moment d'une guerre, ce n'eft pas le tout que d'avoir des hommes, il faut des chevaux, & c'eft le plus difficile à trouver. D'après cela j'ai penfé que toutes les troupes à cheval devoient être montées pendant la paix, afin que toutes les augmentations puiffent s'en faire fucceffivement, fi on peut les prévoir, & que dans le cas où on n'en auroit

point de culottier en peau, auront un homme de moins à pied à l'état-major.

pas le tems, elles puiſſent ſervir telles qu'elles ſe trouveroient, ce qui ne pourroit pas être, ſi leur nombre, compoſé en partie d'hommes à pied, ne ſe trouvoit pas réelle en chevaux dans chaque eſcadron.

Cette formation m'a paru bonne. En tems de guerre, les eſcadrons feront de 160 chevaux, & ce nombre, en fourniſſant les ſervices, les eſcortes, les avant-gardes, pourra leur per-mettre d'avoir toujours au moins 96 hommes en ligne. Leur réduction à 122 chevaux pendant la paix, pendant laquelle les ſervices ne ſont pas auſſi multipliés, ne les empêchera pas de pouvoir fournir à la manœuvre les 48 files toujours néceſſaires.

Les officiers, par ce moyen, pourront s'accoutumer le coup-d'œil au front qu'ils devroient avoir à la guerre, & la diviſion des compa-gnies, preſcrite par cette formation, les atta-chera toujours, comme dans l'infanterie, aux mêmes portions de leurs troupes, tant pour les manœuvres, que pour le ſervice intérieur.

Il exiſte aujourd'hui 24 régimens de ca-valerie, deux régimens de carabiniers, 18 de dragons, 12 de chaſſeurs à cheval, & 6 de huſſards. Les troupes à cheval ne ſont ſuſceptibles que d'une certaine augmentation dans chaque régiment. Diminuer le nombre des corps, seroit s'enlever la possibilité de les augmenter au nombre nécessaire.

Je propose de les maintenir tous sur pied, & de conserver ainsi

1°. Vingt-six régimens de cavalerie ou carabiniers, formant ensemble 832 officiers, & 13104 hommes, dont 12766 à cheval, susceptibles d'être portés, à la guerre, à 17056, dont 16718 montés.

2°. Dix-huit régimens de dragons de la même force, formant ensemble 576 officiers, & 9072 hommes, dont 8838 à cheval, susceptibles d'être portés à la guerre, à 11808, dont 11574 montés.

3°. Douze régimens de chasseurs à cheval, & 6 régimens de hussards, de la même force en officiers & en hommes à cheval, mais plus foibles chacun d'un homme à pied, formant ensemble 576 officiers, & 9054 hommes, dont 8838 à cheval, susceptibles d'être portés à la guerre à 13790, dont 11574 montés.

Par ce moyen toutes les troupes à cheval seront composées, tant à la paix qu'à la guerre, de 62 régimens de cavalerie, carabiniers , dragons , chaffeurs ou huffards , formant enfemble 248 efcadrons, & de 1984 officiers de tout grades. Elles feront réduites en tems de paix à 31230 hommes, dont 30442 montés , & refteront fufceptibles d'être portés à la guerre à 40654 hommes , dont 39866 à cheval.

Formation du Corps royal de l'artillerie.

Le fervice de l'artillerie dans toutes fes parties demande une inftruction particulière , & acquife par une longue expérience de fes différens détails. On ne peut en conféquence employer que des officiers du corps même pour les commander, infpecter , furveiller , ou faire exécuter.

Les détails de l'artillerie confiftent dans les écoles néceffaires pour l'inftruction, dans la conduite des arfenaux de conftruction où fe fabriquent, & fe réparent les différens équipages néceffaires à l'artillerie , des fonderies où fe fondent les bouches à feu , des forges où fe coulent les boulets, les bombes, &c. Des manufactures d'armes où fe fabriquent toutes

celles à l'ufage des troupes ; dans la furveillance des magafins à poudre, & des arfenaux
où fe dépofent les armes, dans les manœuvres
des pièces d'artillerie, & enfin dans la fouille
des mines, &c. Tous ces détails nécefficent des
officiers employés à ces différens travaux, &
des troupes pour les exécuter. L'ordonnance du
3 Novembre 1776 établit, avec la plus grande
précifion, la quantité d'officiers à employer
dans les places pour leur furveillance, & la
formation des troupes qui doivent compofer
ce corps.

Un des premiers officiers d'artillerie de
l'Europe, celui que nous devons regarder à
tant de titres comme le reftaurateur de la
nôtre, celui auquel elle doit fes fuccès & fon
inftruction, a dirigé lui-même tous les calculs,
& toutes les combinaifons, pour établir la formation des différentes parties de ce corps. Tous
les détails font enchaînés les uns aux autres,
ils ont été montés en conféquence. Le moindre
dérangement pourroit détruire l'harmonie par-
faite qui règne & qui doit régner dans toutes
fes parties.

Je propofe donc de n'apporter à cette ordonnance que les changemens qui pourroient

être motivés par la perte de fon auteur , ou néceffités par les circonftances. C'eft ce que je vais examiner fucceffivement.

L'ordonnance du 3 Novembre 1776 établit 10 infpecteurs, dont un premier pour diriger l'enfemble des travaux.

Le premier infpecteur, néceffaire fans-doute dans le moment de reftauration de ce corps pour diriger tous fes détails avec uniformité , & empêcher les autres infpecteurs de s'écarter du plan qu'il avoit tracé , le devient moins à préfent que la machine. eft montée , que les travaux & que les écoles font en vigueur , & que les principes font établis de la manière la plus certaine.

Cette place n'a pas été nommée depuis la mort de M. de Gribauval. Chaque homme a fon opinion différente, & plus les connoiffances font étendues dans un corps, plus fouvent il eft la victime des différentes prétentions des individus qui veulent faire adopter leur fyftème. Il feroit peut-être à craindre que fon fucceffeur ne voulût changer fes principes ; toute innovation pourroit être dangereufe , & l'on penfera, fans-doute, d'après cette obfer- vation, que l'économie feroit un des moindres avantages qui réfulteroient de la fuppreffion de la place de premier infpecteur. ·

En la réformant, les neuf autres confervés rempliroient chacun leurs fonctions dans leur département, fous les ordres directs du miniftre de la guerre ; ce feroit alors à lui à veiller à l'uniformité des moyens, à la confervation des principes, & à l'exécution des réglemens.

La même ordonnance établit huit commandans d'école, officiers généraux ou fupérieurs, 22 colonels directeurs, 27 lieutenans-colonels fousdirecteurs, & 62 capitaines en réfidence, pour furveiller les inftructions, les atteliers, les travaux, les forges, fonderies, manufactures & arfenaux.

Neuf officiers généraux chargés de l'infpection de tous les travaux répandus fur la furface entière du royaume, ne font pas trop nombreux fans doute. Les écoles font montées en raifon des régimens ; on ne pourroit diminuer le nombre de leurs commandans, fans les réduire ellesmêmes, & on ne pourroit le faire, fans réformer, ou fans réunir quelques régimens dans le même établiffement, ce qui doit paroître difficile. Il faut bien des places qui puiffent exciter l'émulation dans ces corps, & devenir une récompenſe pour des officiers inſtruits, qui en raiſon de leurs détails, ne peuvent eſpérer d'avancement que dans leur intérieur: qu'eſt-ce que 17 places pour un corps entier auſſi nombreux & auſſi méritant ?

En diminuant le nombre des arſénaux de dépôt répandus dans preſque toutes les villes de guerre, ou cenſées telles, en les réduiſant de manière à n'en laiſſer que dans les places les plus importantes, ce qui ſeroit peut-être avantageux, en prenant d'autres arrangemens rélativement aux conſtructions & aux réparations des bâtimens dont le corps de l'artillerie eſt chargé, on pourroit peut-être diminuer le nombre des directeurs, ſous-directeurs, & ſur-tout celui des capitaines en réſidence; mais ſi d'un côté l'économie ſemble preſcrire cette opération, de l'autre il peut ſe préſenter quelques réflexions à ce ſujet. Les emplois de ces officiers n'éxigent pas pour la plupart une très-grande activité, ni des connoiſſances très-ſupérieures dans les détails. Pluſieurs officiers très-honnêtes, mais pas aſſez inſtruits pour parvenir aux places importantes d'un corps qui demande autant d'inſtructions, peuvent y trouver des moyens pour continuer leur ſervice.

Ils servent de retraites à d'anciens officiers auxquels il faudroit en accorder d'une autre espèce:
employés dans les villes, dans les manufactures,
dans les arsenaux, ils peuvent rendre encore leur
vieillesse utile. Je ne pense donc pas qu'il faille
leur faire subir une réforme qui ne pourroit être
économique ni pour le présent, ni pour l'avenir,
à cause des traitemens à leur accorder en les
réformant, & de ceux qu'il faudroit donner par
la suite à ceux qui ne pourroient plus avoir de
pareilles retraites.

Enfin, la même ordonnance établit encore 50
élèves ; leur nombre peut être réduit à 30, mais
je pense qu'il ne doit pas l'être davantage, si
l'on ne veut pas priver ce corps de sujets qui y
acquièrent de bonne heure une partie de l'instruction qui leur est nécessaire.

Indépendamment de ces officiers ainsi employés, d'après les dispositions de cette ordonnance, il en existe encore quelques autres de
différens grades sous le titre de surnuméraires.
Leurs fonctions n'étoient pas utiles sans doute,
puisque l'ordonnance ne les établissoit pas : je
pense qu'on peut proposer leur suppression.

D'après ces observations, le nombre des officiers du corps royal de l'artillerie employés dans les places, confiſtera en,

Neuf inſpecteurs officiers généraux.

Huit commandans d'école, officiers généraux ou ſupérieurs.

Vingt-deux colonels directeurs.

Vingt-ſept lieutenans colonels ſous directeurs.

Soixante-deux capitaines en premier, en ré-ſidence.

Trente élèves.

En tout 158 officiers.

Des troupes d'Artillerie.

Quoique les troupes d'artillerie ſemblent appartenir à l'infanterie, elles ne peuvent pas néanmoins être formées préciſement comme elle. Leur organiſation doit être combinée dans leurs diviſions en régimens, en bataillons, en compagnies, en eſcouades même rélativement au ſervice qui leur eſt propre. Le nombre d'hommes de chaque eſcouade doit être proportionné au nombre néceſſaire pour ſervir les canons, les mines & les atteliers. Celui des officiers & bas officiers deſtinés à les commander, doit être calculé ſur la néceſſité de pouvoir les détacher par autant de parties ſéparées, que leur ſervice pourroit en exiger en raiſon du nombre des bouches à feu qu'on voudroit faire marcher,

des mines qu'on voudroit attaquer, ou des attelliers d'ouvriers à deſſervir.

L'ordonnance du 3 Novembre 1776, a établi cette formation telle qu'elle devoit avoir
lieu à la guerre. La ſageſſe de ſon rédacteur a
préſidé depuis à toutes les réductions dont elle
étoit ſuſ.eptible en temps de paix. Il me paroît
impoſſible d'y propoſer aucun changement, ni
d'y opérer aucune réforme. Le ſervice même
des ſoldats exige dans ce corps une habitude &
une inſtruction qui ne s'acquiert pas facilement.
Un canonier, un ſapeur, un bombardier, un
artificier, un mineur, un ouvrier, ne ſe forment pas auſſi facilement qu'un fantaſſin. Il faut
donc en temps de paix entretenir un nombre
d'hommes de toutes les claſſes, a peu-près égal
à celui dont on auroit beſoin à la guerre, ſi on
veut les trouver inſtruits lorſqu'elle arrivera.
Toute augmentation d'hommes à faire à cette
époque ſe trouveroit même impoſſible, ſi cette
ordonnance n'avoit pas établi un certain nombre d'apprentifs dans chaque compagnie. Ceux-
ci acquérant pendant la paix & dans les exercices des écoles, l'habitude & les connoiſſances
néceſſaires, ſe trouvent par là , dans un moment d'augmentation, en état de paſſer au ſer-

vice véritable de l'artillerie, des mines ou des attelliers, en laissant les parties de manipulation qui ne demandent que de la force, à d'autres apprentifs qui peuvent alors les remplacer sans inconvéniens.

Cette même ordonnance du 3 Novembre 1776, établit cinq chefs de brigade dans chaque régiment, & un lieutenant en troisieme dans chaque compagnie d'artillerie, de mineurs & d'ouvriers. Ces emplois sont très inutiles. Les meilleurs officiers d'artillerie en conviennent, & M. de Gribauval ne les avoit sans doute employés qu'à cause de l'impossibilité de faire subitement une réforme aussi considerable que celle à laquelle il auroit été exposé sans ces places qui lui fournissoient des débouchés. Dans un moment qui commande imperativement des réductions, on peut proposer la réforme de cette colonne de lieutenans, & de réduire les cinq chefs de brigade à deux qui seroient alors destinés à commander chacun un bataillon.

D'après ces observations, je pense qu'il faut conserver les 7 régimens d'artillerie.

Les 6 compagnies composant le corps des mineurs.

Les 9 compagnies d'ouvriers.

Chacun

Chacun des 7 régimens d'artillerie fera commandé en tems de paix par un colonel, deux lieutenans-colonels, (1) deux chefs de bataillons avec rang de lieutenant - colonel, un aide-major, un quartier maitre, 20 capitaines, 20 lieutenans en premier, 20 lieutenans en fecond ou fous lieutenans ; il y fera attaché en outre un chirurgien - major payé comme dans les autres troupes fur la maffe des hôpitaux , & douze capitaines en fecond qui y conferveront rang pour leur avancement , mais qui feront détachés pendant la paix pour la fuite de leur inftruction.

Il fera partagé en deux bataillons, & compofé de deux hommes à l'état-major, & de 1080 répartis en vingt compagnies de 54 hommes par chacunes. Il fera augmenté en tems de guerre de huit capitaines en fecond , pour , avec les douze détachés pendant la paix, qui y rentreront alors , en attacher un à chaque compagnie, & d'un fourrier, un tambour & feize apprentifs par chacunes, ce qui portera

---

(1) Le grade de major fera fupprimé, (voyez au chapitre de l'avancement aux grades).

D

leur force particuliere, à 72 hommes, & celle totale du régiment à 1442 hommes, fans néceffiter d'autres augmentations d'officiers & de bas-officiers.

Le corps des mineurs, conformément à la même ordonnance, fera compofé d'un aide-major commun à tout le corps, & de 24 officiers ; favoir, fix capitaines en premier, fix capitaines en fecond, fix lieutenans en premier & fix lieutenans en fecond ou fous-lieutenans, partagés en fix compagnies, compofées chacune en tems de paix de 62 hommes, & fufceptibles d'être portées en tems de guerre, à 88 hommes, par une augmentation de 24 apprentifs, d'un fourrier & d'un tambour dans chacune. Le corps entier fera commandé par le plus ancien capitaine, lequel fera en même tems commandant de l'école dans laquelle les fix compagnies feront réunies, lorfque leur fervice n'exigera pas leur féparation.

Plufieurs projets ont propofé de réunir les fix compagnies de mineurs au corps du génie. Depuis long-tems ce dernier corps defire d'avoir une confiftance plus militaire, en ayant des troupes à fes ordres. Sans chercher à examiner l'ufage qu'il en pourroit faire en tems de paix ; fans chercher à difcuter fi tous les travailleurs de l'armée qu'il a à fes ordres à la guerre , ne font pas futhfans , ni à approfondir les avantages qu'il en pouroit retirer , je calculerai feulement les pertes qui en réfulteroient pour les mineurs. Leurs travaux fouterrains, c'eft à dire, le travail méchanique des mines , ne doit pas être leur feul genre d'inftruction. Ce n'eft pas tout de les creufer , il faut les charger , & les proportions des forces de la poudre, des réfiftances à lui oppofer, & les réfultats de fes effets font néceffaires à calculer. Ces connoiffances tiennent à l'artillerie. Ce n'eft que par une pratique conftante & une étude approfondie, qu'elles peuvent s'acquérir; ce n'eft que dans le corps de l'artillerie feul , qu'ils peuvent les obtenir par l'expérience. Les en féparer, feroit les réduire à n'être bientôt plus que des compagnies de pionniers fouterrains ; ils perdroient leurs inftructions, & le génie n'en retireroit pas fans doute une grande utilité, du moins je ne puis l'appercevoir.

Enfin chacune des 9 compagnies d'ouvriers, maintenue fur le même pied, fera commandée par un capitaine en premier, un capitaine en fecond , un lieutenant en premier, un lieute-

nant en second ou sous-lieutenant, & sera
forte, tant en paix qu'en guerre, de 71
hommes.

Ainsi le corps entier de l'artillerie sera composé,

1°. De 158 officiers généraux, colonels,
lieutenans colonels, capitaines, ou élevées, employés dans les places aux différens travaux,
détails ou écoles ;

2°. De sept régimens d'artillerie, composés
chacun de 79 officiers & de 1082 hommes en
tems de paix, devant être portés à la guerre
à 87 officiers & à 1442 hommes, formant ensemble 553 officiers, & 7574 hommes en paix,
& 619 officiers & 10,094 hommes en guerre ;

3°. De six compagnies de mineurs, fortes
ensemble de 25 officiers & de 372 hommes
en paix, susceptibles d'être portées à 528 à la
guerre.

4°. Enfin de neuf compagnies d'ouvriers,
formant ensemble 36 officiers, & 639 hommes
tant à la paix qu'à la guerre.

Par ce moyen, le corps royal de l'Artillerie,
composé de sept régimens, faisant ensemble
14 bataillons, & de 15 compagnies de mineurs
& d'ouvriers, sera réduit, en tems de paix, à

772 officiers employés tant dans les places que dans les régimens ou compagnies , & à 8585 bas officiers ou soldats, & il sera porté en tems de guerre à 828 officiers , & à 11261 bas officiers ou soldats.

Formation du corps royal du Génie.

Le corps royal du Génie étoit autrefois réuni à celui de l'Artillerie. Les mêmes principes d'instruction nécessaires à tous les deux , quelques rapports dans quelques fonctions analogues entre eux , avoient, sans-doute, alors paru provoquer cette réunion; mais des détails absolument différens , l'espèce de confusion qui en résultoit, n'ont pas tardé à montrer que ces deux services , différens entr'eux, se nuisoient sans utilité, & on a cru devoir les rendre distincts & séparés. Ils le sont aujourd'hui. Les mêmes raisons qui ont motivé leur séparation, doivent s'opposer encore à leur nouvelle réunion.

Quelques mémoires ont proposé de réunir le corps des ingénieurs des ponts & chaussées avec le corps des ingénieurs militaires , en chargeant également ces derniers des travaux militaires & des travaux civils.

Mémoire
fur le dépar-
tement des
ponts &
chauffées ,
art. 78, pag.
107.

M. de la Millierre , intendant général des ponts & chauffées a trop bien fait fentir , dans le mémoire qu'il vient de publier fur ce département , la difficulté de mettre des militaires dans la dépendance du pouvoir civil , & les inconvéniens de les attacher ainfi à deux départemens , en les mettant dans le cas de correfpondre avec le miniftre de la guerre , pour les fortifications , & avec le miniftre des finances pour les travaux civils , que je ne chercherai point à répéter les raifons qu'il a employées pour combattre ce fyftème. Je me permettrai feulement quelques réflexions fur la différence d'efprit qui doit animer ces deux corps dans la conduite des ouvrages qu'ils font exécuter. Les ingénieurs militaires doivent les diriger en raifon des pofitions & des moyens de défenfe qu'elles peuvent offrir ; ceux des ponts & chauffées , au contraire , ne doivent s'occuper que de la commodité , de l'élégance des proportions , & de la folidité. En réuniffant ces deux corps, on les dénatureroit tous les deux , fans en retirer un avantage réel ; l'un ceʃʃeroit d'être militaire , tandis que l'autre le devenant avec peine , perdroit par cette réunion une grande partie des connoiffances relatives aux travaux civils , qu'une expérience suivie dans un genre de travail unique , peut seule leur faire acquérir. Je perſiſte donc à penſer qu'elle ſeroit fâcheuſe & même impraticable.

Le corps du génie militaire tel qu'il exiſte aujourd'hui , eſt plus nombreux qu'il ne l'étoit dans le moment de tous les grands travaux qui ont fait ſa gloire, en établiſſant la ſûreté de nos frontières. Les officiers inſtruits qui le compoſent n'ont pas des occupations proportionnées à leurs talens. C'eſt une vérité dont il eſt impoſſible de diſconvenir, 14 directeurs officiers généraux ou ſupérieurs ſont attachés ſavoir, 12 aux grandes directions du royaume, & deux auprès du miniſtre ou à une direction particulière à Paris; 21 brigades compoſées chacune d'un colonel, d'un lieutenant-colonel, d'un major, de 4 capitaines en premier, de 5 capitaines en ſecond, & de trois lieutenans en premier, conſtituent l'organiſation de ce corps, & forment,en y ajoutant 47 lieutenans en ſecond, ou aſpirans non attachés aux brigades, & onze élèves entretenus dans ſes écoles, 387 officiers de tous grades.

Les ſuppreſſions poſſibles dans le nombre des

places de guerre à entretenir, fi elles ont lieu, diminueroient encore fes occupations, & fembleroient néceffiter des réformes confidérables; les brigades font trop nombreufes, elles font même trop multipliées. Les deux directeurs employés près du miniftre ou à Paris, ne le font pas affez conftamment pour que ces places ne puiffent pas être occupées en même temps par des directeurs chargés d'autres fonctions. Deux des directions principales, celle des deux Bourgognes, & celle de la Guyenne, de l'Aunis, Poitou & Saintonge, comprenant peu de places importantes, paroiffent être fufceptibles d'être réunies; la première à celle d'Alface, & la feconde à celle de Bretagne, qui pourroit en échange abandonner la partie haute de fon département à celle de la Normandie; 17 brigades réparties entre ces 10 directions pourroient en faire le fervice, & les brigades réduites à 10 officiers par la fuppreffion des cinq capitaines en fecond dans chacune, pourroient être encore uffifantes pour les travaux; mais toutes les réformes font fâcheufes dans un corps auffi inftruit; ce n'eft qu'en gémiffant qu'on peut les propofer, & je n'oferois pas même projeter cette réduction dans les travaux, fi je ne voyois pas d'autres moyens de fournir de l'occupation à une partie de ceux que cette réduction pourroit mettre dans le cas d'être réformés.

Les places des états-majors des armées demandent de l'instruction, & sous ce point de vue, quels sujets pourroient y convenir mieux que des ingénieurs; quelle éducation pourroit mieux y préparer que celle d'un corps qui réunit toutes les connoissances nécessaires pour les bien remplir? Je voudrois que deux directeurs du génie fussent conservés comme chefs des deux états-majors des armées que je proposerai ci-après d'établir, & que quatre brigades de ce corps fussent constamment employées, sous leurs ordres, à toutes les reconnoissances, levées de plans, de positions, & autres travaux nécessaires pour former des bons officiers de l'état-major de l'armée. En changeant quelquefois ces brigades, tous les officiers de ce corps pourroient se former successivement à ce genre de service, & en établissant que ce seroit parmi eux que les généraux d'armée choisiroient ceux qu'ils destineroient à composer leur état-major, il ne pourroit en résulter qu'une grande émulation, & qu'une masse considérable d'instructions.

(58)

D'après ces obfervations, le corps du Génie feroit compofé

1°. De douze directeurs, dont deux chefs des états-majors d'armée, & 10 attachés aux 10 directions principales du royaume.

2°. De 21 colonels, 42 lieutenans-colonels (1), 84 capitaines, & 63 lieutenans, répartis en 21 brigades, dont 17 attachées aux directions, & 4 aux deux états-majors des armées.

3°. De 42 lieutenans en fecond, ou afpirans, fur le pied de deux par brigades, mais devant continuer leur fervice détaché avant d'y être admis, & ainfi qu'il eft prefcrit par l'ordonnance du 31 Décembre 1776 (2).

4°. De dix élèves attachés à l'école, pour y préparer leur inftruction.

Par ce moyen, le corps entier du Génie

---

(1) Le grade de major fera fupprimé, (voyez le chapitre de l'avancement aux grades.

(2) Le nombre des lieutenans-afpirans & celui des élèves n'étoit pas fixé par l'ordonnance. J'ai penfé qu'il étoit a propos de le déterminer, afin que rien ne fût arbitraire.

confifteroit en 274 officiers de tous grades ou élèves, fans foldats directement à fes ordres (1).

Formation des armées, divifions, brigades.

Les troupes à la guerre doivent être partagées en différens corps d'armée. Chacun fous les ordres d'un général doit l'être auffi en divifions, & celles-ci en brigades. Des régimens auffi peu nombreux qu'ils le feroient d'après la formation propofée ci-deffus, doivent être réunis deux à deux, & former ainfi embrigadés des corps en état de fournir fans s'atténuer à tous les différens fervices que la guerre exige.

Les formations en temps de paix doivent toujours être combinées comme elles le feroient à la guerre, & d'après cela je propoferai,

1°. Que les 90 régimens d'infanterie, les 26 régimens de cavalerie de ligne, & les 18 régimens de dragons, forment 67 brigades,

____

(1) Plufieurs mémoires avoient femblé défirer que le corps du Génie eût des foldats fous fes ordres, & avoient propofé d'y attacher les compagnies de mineurs & de fapeurs de l'artillerie. (Voyez ce que j'en ai dit, ci-deffus, à l'article des mineurs).

(60)

dont 45 d'infanterie, 15 de cavalerie, & 9 de dragons, en les réuniffant deux à deux dès ce moment, d'une manière ftable & permanente, de façon que, quoique divifés pour l'adminiftration & la difcipline, ils puiffent s'amalgamer enfemble, prendre le même efprit, & fe mettre par-là en état de fervir plus utilement à la guerre.

2°. Que les 18 régimens de chaffeurs & d'huffards, attendu la nature de leur fervice, qui peut les mettre dans le cas d'être fouvent divifés, les fept régimens d'artillerie, à caufe de leurs travaux & d'un fervice différent, ainfi que les onze régimens Suiffes, attendu leur formation différente, leurs colonels officiers généraux, & la néceffité peut-être de conferver quelques régimens plus faciles à féparer, lorfque les befoins du fervice pourroient le requérir, ne foient pas embrigadés, fauf à donner cette formation à ces derniers, lorfque la guerre pourroit la leur rendre indifpenfable.

3°. Que toutes les troupes, foit qu'elles foient embrigadées, foit qu'elles ne le foient pas, foient réparties en 15 (1) divifions & une ar-

---

(1) La formation actuelle établit 21 divifions. Il

mée de réserve, fuivant le local de leur établiffement.

S A V O I R ,

Première divifion, Evêchés, Champagne.

Deuxième — Alface.

Troifième — Franche-Comté, Bourgogne,
Lyonnois.

Quatrième — Lorraine.

Cinquième — Flandre, Artois, Soiffon-
nois.

Sixième — Hainault, Cambrefis.

Septième — Calaifis, Picardie.

Huitième — Normandie.

Neuvième — Bretagne.

Dixième — Aunis, Saintonge, Poitou.

Onzième — Guyenne, Béarn, Navarre.

Douzième — Languedoc, Rouffillon ;
Rouergue, Quercy, Vivarais.

Treizième — Dauphiné.

Quatorzième — Provence.

Quinzième — Ifle de Corfe.

---

en exiftoit deux dans plufieurs provinces, & une dans
l'intérieur ; celles qui fe trouvoient doubles pourroient
occafionner de la confufion dans le commandement,
à préfent qu'il devra rouler fur le chef de la divifion.

Armée de réserve. — Touraine. — Blaifois. — Anjou. — Maine. — Nivernois. — Bourbonnois. — Berry. — Auvergne. — Limofin. — La Marche. — Vendômois. — Orléanois. — Ifle de France.

4°. Que ces 15 divifions ainfi formées, & que les troupes qui les compoferont, à l'exception de celle faifant partie de l'armée de réferve, foient réparties en quatre armées principales,

S A V O I R,

1°. Armée d'Allemagne, formée des 4 divifions des évêchés d'Alface, de Lorraine & de Franche-Comté.

2°. Armée des Pays-Bas, compofée des deux divifions de Flandres & de Hainault.

3°. Armée des côtes de l'Océan, formée des cinq divifions de la Picardie, de la Normandie, de la Bretagne, de l'Aunis & de la Guyenne.

4°. Armée du midi, formée des 4 divifions du Languedoc, du Dauphiné, de la Provence & de la Corfe.

Répartition des troupes dans le royaume.

Tous les citoyens doivent contribuer en proportion de leurs facultés à l'entretien de la force publique; ils ont tous un droit égal aux avantages qui doivent en résulter.

Si les troupes font un embarras & une gêne pour quelques citoyens dans les villes , dans lesquelles elles font établies ; elles font en même tems d'une grande utilité pour eux. En augmentant les confommations , elles facilitent le débit des productions du pays qu'elles habitent; elles y répandent un numéraire confidérable, & font rentrer par là, au profit de leurs habitans, une grande partie des fommes dont ils contribuent pour leur entretien. Combien de villes, qui n'ont point de troupes, défireroient en voir établies dans leur arrondiffement; & combien de celles qui s'en plaignent, deviendroient bientôt miférables, fi on les leur retiroit.

Le principal objet d'utilité des troupes de ligne eft la défenfe de nos frontieres contre les ennemis qui pourroient vouloir les attaquer. Leur garde doit donc les y réunir en plus grande quantité. Tous les jours à la guerre, les

quartiers, occupés par une armée, sont très-
étendus; d'après ce principe, les troupes destinées à garder nos frontieres, pourroient ceffer d'être, pour ainfi dire, entaffées dans les
villes de guerre, où l'amour-propre militaire
d'un commandant jaloux de raffembler fous fes
ordres beaucoup de régimens, les retient plus
fouvent, que les befoins réels du fervice. En
les confidérant dans leurs garnifons comme une
armée dans fes quartiers, les villes de guerre
en feroient la tête, & les points principaux,
& les extrémités pourroient s'en étendre dans
les provinces adjacentes.

Les quinze divifions propofées ci-deffus em-
braffent non - feulement toutes les provinces
frontieres, mais même leurs provinces adjacentes, & l'armée de réferve comprend toutes
celles de l'intérieur, qui, trop éloignées par
leurs pofitions n'auroient pas pu être regardées
comme un extenfion des quartiers occupés par
l'armée.

Au moyen de ces difpofitions, il eft très-
facile de répartir les troupes dans toutes les
villes & dans toutes les parties du royaume,
dans lefquelles elle pourroient être néceffaires,
ou qui pourroient défirer d'en avoir.

Pour

Pour faire cette répartition , il faudroit con-
fulter d'abord les beloins du fervice , & enfuite les defirs particuliers des provinces. Les
villes , dans lefquelles les troupes font indifpenfables, & dans lefquelles elles font placées
habituellement pour la garde des frontieres, ont
des établiffemens militaires , & il n'y auroit
d'autres précautions à prendre que de les connoître , & de n'y placer des troupes qu'en
raifon de ce qu'ils pourroient contenir commodément. Ce feroit un premier moyen d'empêcher ces villes d'être furchargées. Quant à
celles dans lefquelles les troupes ne font pas
néceffaires, & dans lefquelles on pourroit n'en
mettre qu'en cédant aux vœux de leurs habitans, il faudroit connoître leurs defirs , leurs
moyens pour les y établir, les reffources qu'elles
pourroient y avoir pour leur fubfiftance ou leur
fanté, & les y répartir enfuite en proportion
de ces moyens de facilité, & fuivant la nature
de leurs denrées, c'eft-à-dire, en plaçant de
préférence les troupes à cheval dans celles qui
pourroient leur être plus avantageufes.

Nos établiffemens militaires , nos befoins de
confommations des provinces, l'efpece de leurs

productions, leurs reſſources, ne ſont pas aſſez connus de ceux qui ſont dans le cas de diriger les emplacemens des troupes. Il faudroit préliminairement acquérir les connoiſſances néceſſaires à ce ſujet. Les aſſemblées adminiſtratives des départemens & des diſtricts peuvent en fournir d'excellens moyens ; en conſéquence je voudrois qu'auſſitôt après leur formation, le miniſtre de la guerre envoyât dans chacun une perſonne de confiance, chargée de vérifier tous les établiſſemens militaires qui exiſtent, de s'informer des reſſources des villes qui n'en auroient pas, de l'eſpece de leurs productions, du deſir qu'elles auroient d'avoir des troupes, de la quantité qu'elles pourroient en établir commodément, ou des raiſons qui pourroient leur faire craindre d'en recevoir.

Ces connoiſſances ainſi acquiſes contribueroient ſans doute à une meilleure diſtribution des troupes. Les villes forcées d'en avoir, ne courroient plus le riſque d'en être ſurchargées, tandis que d'autres pourroient en déſirer inutilement, & la répartition qui en ſeroit faite en conſéquence, auroit pour baſe des principes plus juſtes qu'à préſent, puiſqu'elle auroit lieu en raison des moyens connus , ou du desir même des provinces.

Des officiers généraux à employer près des troupes.

Les ordonnances actuelles établissent des officiers généraux commandant en chef & en second dans chaque province, des lieutenans généraux commandant les divisions dans lesquelles les troupes sont réparties, & des maréchaux de camp attachés à chaque brigade, parmi lesquels quelques - uns seulement sont chargés de les inspecter & de suivre tous leurs détails. Enfin quelques autres officiers généraux sont encore employés en troisieme dans quelques provinces, quoique les ordonnances ne les reconnoissent pas.

Les commandans en chef, en second ou en troisieme dans les provinces, y commandent au civil & au militaire, suivant la nature des patentes grandes ou petites qui leur sont accordées. Ils peuvent être employés en même tems aux divisions , lorsqu'ils ne sont qu'en second ou en troisieme dans les provinces. Plusieurs réunissent les deux fonctions ; mais ce n'est pas le grand nombre.

Commandans dans les provinces.

E 2

Le nouvel ordre de chofes , en féparant plus effentiellement les pouvoirs , diminuera confidérablement leurs détails relatifs au civil, dans le cas même où il ne les anéantiroit pas tout-à-fait. Mais quand bien même ces commandans feroient réduits aux feules fonctions militaires, il eft certaines provinces dans lefquelles le roi ne peut pas fe difpenfer d'en entretenir , foit à caufe de leurs défenfes, comme frontieres, ou des relations qu'il peut être néceffaire de conferver par leurs moyens avec les puiffances voifines, foit à caufe des détails locaux tenans à l'armée, dont il feroit important qu'ils fuffent chargés. Il faut donc qu'il en exifte toujours; mais ceux qui font attachés directement aux troupes, peuvent en même tems occuper ces places; les féparer, feroit un double emploi inutile, & interdit par les loix impérieufes de l'économie. M. le comte de la Tour-du-Pin a déjà annoncé leur fuppreffion , comme réfolue par le roi. En gémiffant fur la diminution du nombre des places, néceffaires peut-être dans un grand royaume, pour exciter l'émulation des militaires par l'efpoir de l'avancement & des récompenfes, je ne puis m'empêcher d'approuver ce projet, & de penser que les fonctions des commandans dans les provinces , doivent être attribuées à ceux qui feront particuliérement attachés au commandement des troupes.

Les lieutenans généraux des divisions commandent les troupes, & ont une inspection générale & absolue sur toutes celles qui font sous leurs ordres. On doit leur conserver ces fonctions. Aujourd'hui chaque division n'a qu'un seul lieutenant-général. Ces officiers doivent, d'après ce que j'ai proposé ci-dessus, commander non-seulement les troupes, mais encore dans les provinces où elles feroient établies. Les détails dont ils devroient être chargés, soit qu'ils tiennent au civil, soit qu'ils soient bornés au militaire, demandent qu'il y ait quelqu'un revêtu de l'autorité. Toujours présent, & toujours prêt à s'en occuper ; un homme seul ne peut pas servir toute l'année. Je pense donc d'après cela qu'il devroit y avoir deux officiers généraux pour commander chaque division, & en même-tems dans les provinces de leur arrondissement.

Les troupes, quoique formées en divisions, ne le font pas en armées ; les commandans acquels des divisions n'ont aucun chef auquel ils répondent directement. Toutes les formations, pour être militaires, doivent être pendant la paix telles qu'elles seroient à la guerre. Si chaque division a ses officiers généraux, chaque armée doit aussi avoir son général.

J'ai proposé ci dessus de former quatre armées principales, composées ensemble des quinze divisions, & en outre une armée de réserve. Les provinces dans lesquelles cette dernière seroit établie, ne sont point militaires, & n'exigent point d'officiers pour y commander. Les troupes y feroient dispersées sur une surface de terrein trop considérable pour être jamais réunies. Elle peuvent y être aux ordres directs de leurs chefs particuliers, ou des officiers généraux qui pourroient y être attachés essentiellement. Je pense donc qu'il est inutile d'organiser militairement cette armée en lui donnant un général, ni en la partageant en divisions.

D'après ces observations, je proposerai d'employer un maréchal de France, ou un ancien lieutenant-général, pour commander non-seulement chacune des quatre armées principales, mais en outre, en chef dans toutes les provinces qui ferviront à l'établiffement des quartiers de leur armée, & deux lieutenans-généraux eu anciens maréchaux de camp, au commandement de chacune des quinze divifions devant compofer ces quatre armées, en prononçant qu'ils commanderont en même-tems dans les provinces de l'arrondiffement de leurs divifions, le tout fous les ordres de leur général, conformément aux réglemens qui feront faits pour déterminer leur fervice.

Depuis long-tems, je ne crains pas de le dire, la manière de choifir les colonels, en les mettant à la tête des régimens dans un âge peu propre à réunir les lumières de l'expérience, & de les leur faire quitter lorfqu'ils deviennent officiers généraux, dans le moment où ils feroient en état d'y fervir le plus utilement, eft une des principales caufes des défagrémens qui ont fouvent affligés l'armée.

Des maréchaux de camp à employer......

Les régimens ne devroient jamais être commandés que par des officiers expérimentés. Ils ne devroient plus être expofés à ces changemens de chefs qui, fe fuccédant auffi rapidement, ne peuvent ni infpirer une grande confiance, ni s'attacher eux mêmes à des corps qu'ils

E 4

ne regardent que comme un échellon fervant à leur avancement.

L'ancienneté va recouvrer une partie de fes droits pour le grade de colonel. Des officiers plus connus feront placés par elle à la tête des corps ; mais ces choix pourroient peut-être tomber quelquefois fur des fujets qui ne réuniroient pas aux qualités morales qu'ils pourroient avoir, tous les talens néceffaires pour les bien conduire.

Les colonels pourroient refter chargés de leurs régimens; mais en les réuniffant en brigades, ainfi que je l'ai propofé ci deffus, je voudrois qu'elles fuffent commandées, furveillées & infpectées dans tous leurs détails par des officiers généraux furs de les conferver pendant tout le tems de leur exiftence militaire, quelques grades qu'ils obtinffent succeffivement, & de ne les quitter que lorfqu'ils pourroient être dans le cas d'être employés au commandement des divifions.

Ces commandans de brigades, pourroient, fans aucun inconvénient, être chargés de leur infpection(1) fous les ordres des lieutenans généraux

____

(1) Les régimens fuiffes non-embrigadés pourroient

de la divifion, & pourroient de même faire à la guerre le fervice d'officiers - généraux, fans obliger à en employer d'autres que ceux dont les brigades ou les régimens fe trouveroient compofer l'armée.

Par ce moyen les régimens ne feroient plus expofés aux inconvéniens de changer de chef auffi fréquemment. Il n'exifteroit plus d'inf-pecteurs, dirigeant, pour ainfi dire, au hafard tous les détails qui leur font foumis exclufive-ment, & dont ils ne s'occupent qu'en courant. Tous les officiers-généraux feroient attachés à des corps, & il n'en exifteroit plus dans les armées ; cette quantité fouvent inutile, & fans fonctions, fans places fixes, & fouvent impof-fibles, par cette raifon, à retrouver un jour de bataille dans le moment où leurs ordres pour-roient être les plus néceffaires.

D'après ces obfervations, je propofe d'atta-

---

de même être infpectés par leurs colonels, lorfqu'ils feroient officiers-généraux. Lorfqu'ils ne le feroient pas ces régimens, ainfi que ceux de chaffeurs & de huffards, le feroient par des maréchaux de camp des brigades voifines commis à cet effet.

tacher un officier général à chaque brigade d'infanterie francoife ou étrangère, de cavalerie de ligne, & de dragons pour la commander dans tous fes détails, & l'infpecter fous les ordres des commandans de divifion, en leur en laiffant le commandement, quelque grade qu'ils obtiennent fucceffivement, jufqu'au moment où ils pourroient être employés comme commandans de divifion.

Par ce moyen le nombre des officiers-généraux à employer fera fixé ainfi qu'il fuit :

S A V O I R ,

Quatre maréchaux de France, ou anciens lieutenans-généraux, pour commander les **4** armées principales.

Trente lieutenans-généraux, ou maréchaux de camp anciens, attachés aux 15 divifions.

$$67. \begin{cases} 45 \text{ maréchaux de camp attachés aux } 90 \\ \quad\quad \text{régimens d'infanterie.} \\ 13 \ldots\ldots \text{aux } 26 \text{ de cavalerie de ligne.} \\ 9 \ldots\ldots \text{aux } 18 \text{ de dragons.} \end{cases}$$

Le tout indépendamment des colonels des régimens fuiffes, qui pourroient être officiers-généraux, & cenfés employés en cette qualité à la tête de leurs régimens.

Des commiſſaires des guerres.

Les commiſſaires des guerres ſont des officiers tenant à l'armée pour ſurveiller ſon adminiſtration. Les ordonnances actuelles en recon-
noiſſent trois claſſes, commiſſaires-ordonnateurs,
commiſſaires ordinaires, & commiſſaires-élèves.
Ils ſont employés ſoit dans les diviſions pour le
détail des troupes, ſoit dans les généralités rélativement aux localités. Je ne chercherai point
à prouver ici q e les fonctions qui leur ont été
attribuées ſont trop étendues, & que devenus,
pour ainſi dire, les inſpecteurs des troupes, au-
lieu d'en reſter les contrôleurs, objet primitif
de leur inſtitution, les détails dont ils ſont
chargés près d'elles, ne ſervent qu'à apporter des
embarras dans les moyens d'adminiſtration. Je
ne chercherai pas non plus à démontrer ici les
inconvéniens de la liberté qu'ils ont d'ordon-
nancer pour ainſi dire à leur gré les différentes
dépenſes qui ont lieu dans les provinces, & la
confuſion de comptabilité provenante des payemens ainſi faits iſolement & ſéparément par des
caiſſes diviſées, & ſur les ordres d'agens qui ne
tenant pas à l'adminiſtration générale, n'en
peuvent ſaiſir l'enſemble & les différens rap-

ports : ce n'eſt point mon but. Un nouvel ordre de choſes dans l'ordre civil du royaume ſubſtituera certainement la ſurveillance des provinces à celle des intendans. Les adminiſtrations des municipalités, des diſtricts & des départemens, pourront fournir au département de la guerre de grands moyens & de grandes reſſources pour des marchés locaux, & toujours préférables à des entrepriſes générales, mais il n'en réſultera pas moins la néceſſité d'une ſurveillance militaire ſur tous ces détails locaux, ſur-tout dans leurs rapports d'exécutions rélatifs aux troupes. Les commiſſaires des guerres connoiſſant les formes & les uſages de l'adminiſtration militaire, paroiſſent devoir être les agens de cette ſurveillance. Il en faut pour les revues, pourquoi les mêmes ne ſeroient-ils pas chargés de tous les détails ; pourquoi cette multiplication d'employés, ſur tout lorſqu'elle ne ſert qu'a apporter de la confuſion ?

En traitant des parties d'adminiſtration, je propoſerai mes idées ſur les marchés locaux, ſur les avantages que pourroient procurer les différentes aſſemblées adminiſtratives des provinces, ainſi que ſur les fonctions des commiſſaires des guerres rélativement à ces détails ; en attendant, il ne doit être ici question que du nombre à en employer.

Le nombre des divisions actuelles a déterminé dans les dernières ordonnances celui des commissaires-ordonnateurs employés, ainsi que celui des élèves-commissaires, attachés à leur suite. L'établissement de ces derniers ne peut-être qu'utile en formant des sujets aux détails de ces places, & rien ne peut mieux contribuer à les instruire, que d'être, pour ainsi dire, les aides-de-camp de ceux chargés de les ordonner tous.

Je proposerai donc de continuer à en employer un nombre égal à celui des ordonnateurs.

Le nombre des divisions paroît devoir déterminer leur quantité.

L'armée de réserve est trop dispersée dans l'intérieur du royaume. La même province réunira rarement plusieurs régimens. Les commissaires-ordonnateurs qu'on voudroit y employer pour la totalité, à moins d'être égaux en nombre à celui des provinces, seroient trop éloignés de leurs détails trop divisés. En multiplier ainsi le nombre seroit augmenter la dépense sans nécessité réelle. Il me paroît donc inutile d'en attacher à cette armée. Leurs fonctions, s'il est néceſſaire, pourront être également remplies par les commiſſaires ordinaires qu'il ſera indiſpenſable d'établir dans ces provinces. Ainſi je penſe que le nombre des commiſſaires-ordonnateurs, & des commiſſaires-élèves doit ſe borner à quinze de chaque claſſe ſur le pied d'un par chacune des quinze diviſions.

Commiſſaires ordinaires.... Les revues à faire pour la ſubſiſtance des troupes, devant avoir lieu pluſieurs fois par an, demandent une ſurveillance preſque journalière, & par conſéquent une réſidence pour ainſi dire à portée des régimens, de la part des commiſſaires ordinaires chargés de ces détails.

Dans les diviſions militaires dans leſquelles les troupes ſont réunies, leur nombre doit être moins conſidérable. Il doit augmenter dans celles où les emplacemens ſont moins rapprochés; mais dans l'intérieur du royaume où les troupes compoſant l'armée de réſerve ſeront diſperſées, il ſeroit preſqu'impoſſible qu'un ſeul commiſſaire puiſſe paſſer les revues de pluſieurs régimens, & il eſt indiſpenſable d'en employer un dans chacune de ces provinces, où l'armée de réſerve ſera pour ainſi dire cantonnée; ainſi leur nombre ne peut pas être égal dans les diviſions, ni proportionné à celui des ordonnateurs.

D'après ces obſervations & la connoiſſance des emplacemens habituels des troupes, je penſe qu'il eſt néceſſaire d'en employer 60, ainſi répartis :

S A V O I R ,

Armée d'Allemagne.........17 ⎫
Armée des Pays-Bas..........9 ⎬ 60.
Armée des côtes d'Océan......13 ⎬
Armée du midi............10 ⎬
Armée de réſerve..........11 ⎭

Indépendamment de cette quantité, il en faudra encore employer ſoit en ordonnateurs, ſoit en commiſſaires ordinaires pour la ſurveillance des différens détails d'adminiſtration générale. Mais comme leur traitement fera partie de ces dépenſes, je ne les comprendrai pas ici parmi ceux attachés aux armées.

Par ce moyen, le nombre total des commiſſaires des guerres à employer dans les armées ſera ainſi qu'il ſuit :

S A V O I R ,

Commiſſaires-ordonnateurs.....15 ⎫
Commiſſaires-élèves..........15 ⎬ 90.
Commiſſaires ordinaires.......60 ⎭

Des états-majors généraux.

Une armée bien organisée doit avoir ses états-majors. On en compte trois nécessaires.— L'état-major de l'infanterie, l'état-major de la cavalerie, l'état-major de l'armée.

Les fonctions militaires des deux premiers se bornent à la guerre, aux détails du service à commander, à ceux relatifs aux établissemens de ces différentes armes dans leurs quartiers, ou dans les camps, lorsque le local en est déterminé, & enfin à la surveillance sur les différentes distributions à leur faire.

Des officiers tirés de chacune de ces armes dans le moment même de la guerre, & lorsqu'il faudroit former ces états-majors, suffiroient pour en remplir les places. Il doit paroître d'autant plus inutile de les composer pendant la paix, que ceux qu'on y destineroit, loin de s'instruire, perdroient bien plutôt, en quittant leurs corps, les connoissances qui leur seroient nécessaires, puisqu'elles ne consistent que dans une grande habitude des détails que l'expérience-pratique peut seule donner.

Il n'y a point dans ce moment-ci d'état-major

major d'infanterie fur pied, il n'exifte que quelques places de celui de la cavalerie. Ce font
des charges à finances; elles étoient un moyen
d'acquérir des grades avec de l'argent. Peu utiles
dans leurs fonctions, elles étoient anti militaires
dans leur création. Je penfe donc qu'il faut les
réformer, & qu'il eft inutile de conferver,
pendant la paix, ces deux états-majors.

Il n'en eft pas de même de celui de l'ar- Etat-ma-
mée. Les officiers qui doivent le compofer, jor des armées.
deftinés à préparer l'ouverture des marches, à
reconnoître les pofitions, les emplacemens de
camps & de quartiers, à établir les commu-
nications, à calculer les moyens néceffaires de
fubfiftances & d'approvifionnemens, doivent
être néceffairement inftruits & préparés à ces
détails par une habitude qu'aucune autre efpece de fervice ne peut leur donner. Il doit
donc paroître défirable d'éntretenir un corps
de cet état-major toujours fubfiftant & toujours
travaillant en tems de paix, afin de le trouver
inftruit au moment où la guerre pourroit le
rendre néceffaire.

Pour en retirer les avantages qu'on a droit
de s'en promettre, il ne faut pas que la faveur & l'intrigue puiffent préfider à fa forma-

tion, il ne faut pas que ce corps foit comme celui fubfiftant à préfent, compofé de membres ifolés, jamais réunis, travaillant féparément, & dont les fonctions fe bornent, pour la plupart, à des courfes commandées au hazard, & fouvent fans néceffité, à des reconnoiffances de caſernes exécutées fans connoiffance des détails des corps qui doivent y être établis, & tout au plus à quelques levées inutiles de p'ans de pofitions fur les frontieres, ordonnées fans combinaifon, jamais dirigées, rarement vérifiées par des chefs inftruits, & n'ayant pour garants de leur bonne exécution, que les talens plus ou moins véritables de ceux employés à ces travaux.

Des raffemblemens annuels de ces corps à la fuite des armées, & fous les ordres de chefs inftruits & expérimentés; un fervice réglé, raifonné & indépendant des volontés particulieres & ifolées de tous ceux qui les ont fait mouvoir jufqu'ici, pourroient feulement les former aux grandes opérations & aux grands calculs militaires.

Une éducation préliminaire feroit néceffaire pour les officiers qui fe deftineroient à ces emplois.

Les ingénieurs, par leurs fonctions & leurs instructions, doivent réunir toutes les connoissances propres à ce service. Quel avantage ne pourroit-on pas espérer de tirer d'un corps d'état-major choisi parmi des officiers, qui, par la nature de leur éducation militaire, réunissent la science des mathématiques, des calculs, du dessin, de la levée des plans & des constructions, aux connoissances des détails de l'artillerie, des mines, & même de l'infanterie qu'ils sont obligés de suivre pendant un certain nombre d'années, avant de pouvoir être admis dans le corps du génie? De quelle utilité ne seroient pas à la guerre des officiers aussi instruits, lorsque par un travail nouveau ils auroient réuni à toutes ces connoissances de leur état, celles des grands calculs, des approvisionnemens & des reconnoissances qu'ils pourroient acquérir pendant la paix dans leurs rassemblemens à la suite des armées. En concentrant le choix des sujets nécessaires pour remplir ces places à la guerre, dans le corps du génie, quel avantage ne seroit-ce pas d'empêcher la brigue & la faveur de les nommer comme par le passé, & d'en écarter des sujets peu propres à les remplir, par le défaut d'ins-

Places d'e-
tat-major
d'armée au
corps du
Génie.

tructions préliminaires , & n'ayant souvent d'autres droits pour y prétendre, que leur ambition ? Que de fatigues encore seroient souvent épargnées aux troupes, en ne confiant leur conduite à la guerre, qu'à des sujets déjà instruits, & non comme autrefois à des jeunes gens qui les égarent, en faisant leur éducation aux dépens d'une armée qu'ils devroient diriger, mais qui ne devroit jamais servir à leur instruction.

J'ai déjà proposé, en parlant de la formation du génie, d'employer deux directeurs & quatre brigades de ce corps pendant la paix , pour exercer à la suite des armées les fonctions de leur état-major. Il ne me reste plus qu'à proposer d'ordonner que désormais les généraux ne pourront plus choisir ceux qu'ils destineront à les composer à la guerre, que parmi les ingénieurs. La mobilité habituelle de leurs brigades pourroit les rendre tous également propres à ces fonctions, & le général pouroit y faire son choix, dans un nombre proportionné à la composition qu'il voudroit donner à son Etat major en raison de la force de son armée, ou de l'espèce de guerre qu'il pourroit avoir à soutenir (1).

____

(1) Un général d'armée répondant des opérations ,

Etats majors des places.

La défense néceſſaire des provinces , des places & des villes de guerre, a fait attacher anciennement à chacunes , des officiers chargés particulièrement de leur conſervation, & deſtinés à commander les troupes faites pour repouſſer l'ennemi qui viendroit les attaquer. Telle eſt l'origine des gouvernemens généraux & particuliers, des lieutenances de roi de villes & de provinces , & des autres emplois attachés particulièrement aux places de guerre ſous la dénomination d'états-majors.

Les officiers généraux n'étoient pas autrefois auſſi nombreux. Ces gouverneurs, & autres officiers-commandans ou employés en tenoient lieu dans les places, & étoient alors ſpécialement chargés de leur défenſe. La faveur, les pénuries d'argent, en donnant la poſſibilité d'y attacher des finances,

---

doit être maître de la compoſition de ſon état-major, quant au nombre & à l'organiſation. S'il aime le bien, il doit être enchanté de ſe voir forcé de choiſir parmi les ſujets auſſi capables ; s'il pouvoit préférer les choix de la faveur & de l'intrigue, il n'en ſeroit alors que plus avantageux de lui en avoir ôté la poſſibilité.

en ont augmenté fucceffivement le nombre , **en**
même-tems que celui des officiers généraux. **Il**
falloit employer ces derniers ; on les a envoyé
commander les troupes, & les gouverneurs généraux & particuliers, ainfi que les lieutenans-généraux des provinces, fe font trouvés fans fonctions ,
fans fervice , & les feuls lieutenans de roi ou
autres officiers particuliers employés dans **les**
villes, fe font trouvés conferver quelque commandement dans leur intérieur , & font reftés
affujettis à une réfidence , en-raifon des fonctions
dont ils gardoient l'exercice.

Gouver-
neurs-géné-
raux & par-
ticuliers.
Lieutenans-
généraux
des provin-
ces.

M. comte de la Tour - du - Pin a déja annoncé la fuppreffion des gouvernemens généraux & particuliers & des lieutenans de roi des
provinces, comme projettée par fa majefté. Ces
places font fans fonctions à la vérité , mais elles
font des graces, des récompenfes ou des retraites
pour d'anciens officiers méritans , ou qui ont
bien fervi. Une partie du traitement qui leur
a été fixé , confifte en émolumens locaux , fouvent plus confidérables que la portion qui **en**
eft payée par le tréfor public : ces émolumens
feront perdus par leur fuppreffion , & comme
la juftice ne permet gueres de dépouiller tout-
à-fait des titulaires, des récompenfes qu'ils ont

obtenues, il est peut-être à craindre que ces indemnités justes à leur accorder, n'excedent la somme
qu'ils touchoient réellement. Cette opération sous
ce point de vue, peut fort bien n'être point
économique pour le présent ; elle peut bien aussi
n'être pas politique pour l'avenir, puisqu'elle
supprime des places qui excitoient l'émulation
& le zèle ; mais elle est prononcée, & je ne
puis en l'approuvant, que me borner à désirer
qu'elle produise les avantages d'économie qu'on
semble s'en promettre.

Les lieutenans de roi, commandans, majors, États-majors des
places.
aides-majors, officiers à résidence composans les
états-majors des places, ont des détails de commandement dans les villes, tant au civil qu'au militaire, suivant les patentes qui leur sont accordées: ces emplois se donnent, d'après leurs divisions
en différentes classes, suivant le grade ou l'ancienneté de service. On peut les considérer
comme des retraites, car très peu conservent
le droit de l'avancement à ceux qui en sont
pourvus.

Le nouvel ordre de choses diminuera certainement beaucoup leurs détails relatifs au
civil ; ceux qui tiennent au militaire pourroie t
être aussi bien suivis par des officiers des corps

mêmes en garnifon dans ces villes ; ainfi ces places pourroient très-bien être fupprimées , ou au moins réduites dans chaque ville de guerre , au nombre ftrictemens néceffaire pour furveiller les étrangers non-domiciliés qui pourroient vouloir s'y introduire d'une manière nuifible au militaire , ou à la fûreté de la place même.

Toutes les villes de guerre ou cenfées telles , ont des états majors plus ou moins nombreux. Ils font inutiles abfolument dans quelques-unes ; ils font trop confidérables dans prefque toutes. On pourroit les fupprimer tout-à-fait , diminuer la quantité des villes où ils font établis , ou au moins réduire confidérablement leur nombre dans chacune. Il n'en réfulteroit aucun inconvénient pour le fervice ; mais fi l'on confidère que dans un royaume comme la France , il faut des récompenfes pour ceux qui ont confacré leur jeuneffe à fon fervice ; fi l'on penfe que ces emplois forment des retraites pour d'anciens officiers de tous les grades , auxquels il faudroit en accorder d'une autre efpèce , fi celles-là n'exiftoient pas ; fi l'on examine la manière dont ces emplois font payés par des émolumens locaux qui compofent auffi une grande partie de leurs appointemens, & qui deviendroient perdus par leur suppression ; enfin, si l'on réfléchit que les traitemens en argent qu'il faudroit accorder aux officiers qui les possedent, en les réformant, ou qui se retireroient à l'avenir, si ces places n'existoient plus, seroient peut-être. plus considérables en raison de leurs grades, ou de leur ancienneté, que la portion qui en est payée aujourd'hui par le trésor public, on sentira facilement que le bénéfice résultant de la réforme de ces places ne seroit qu'imaginaire, tant pour le présent que pour l'avenir, & que la seule opération qui puisse être raisonnable, seroit de dresser un état des états-majors inutiles dans quelques villes, deceux qu'on pourroit réunir, ou réduire dans quelques autres, & d'en prononcer la supression à fur & à mesure des vacances, en en conservant néanmoins encore un assez grand nombre pour laisser des espérances de retraites à des officiers de différens grades.

D'après ces observations, je me borne à proposer,

1°. De supprimer les gouvernemens généraux & particuliers, ainsi que les lieutenances générales ou de roi des provinces ;

2°. De conserver les états-majors des places à résidence, tels qu'ils existent aujourd'hui, sauf les suppressions, réductions ou réunions éventuelles, à fur & à mesure des vacances, qu'on pourroit prononcer d'après l'état qui en seroit dressé.

Formation des gardes nationales, & de l'armée auxiliaire.

J'ai établi ci-dessus la nécessité d'entretenir une armée auxiliaire de cent mille hommes, inactive pendant la paix, mais toujours prête à fournir à l'armée de ligne tous les secours & toutes les augmentations qui pourroient lui être nécessaires à la guerre.

Cette armée sera-t-elle constamment désignée pendant la paix, ou ne sera-t-elle levée qu'au moment de la guerre ?

Les gardes nationales peuvent-elles tenir lieu de cette armée ?

Quels seront les moyens à employer pour sa formation ?

Quel sera le service qu'on en devra exiger, soit à la paix, soit à la guerre ?

Ce sont quatre questions indispensables à discuter.

PREMIÈRE QUESTION,

L'armée auxiliaire sera t-elle conflamment désignée pendant lu paix ?

Un fimple récit de faits fuffira pour réfoudre cette première queftion. Après une longue interruption de la levée des milices, Louis XIV, triomphant, maître abfolu, & monarque même admiré de fes fujets, voulut les mettre fur pied pour la garde de fes frontières. L'effroi fe répandit dans les provinces, les émigrations les plus fortes commencèrent, & les peines les plus févères prononcées contre les émigrans fuffirent à peine pour les arrêter.

Louis XV, après fix ans de fufpenfion feulement, voulut rétablir les milices, dont les levées avoient été interrompues. Les troubles les plus grands fe firent fentir par-tout, & la force publique fut contrainte de marcher pour les appaifer.

L'efprit de l'homme, & fur-tout celui de l'habitant des campagnes, réfléchit peu aux befoins communs de l'état. Ce qui l'intéreffe perfonnellement, le frappe uniquement. Si on le laiffe un inftant fans l'entretenir dans l'habitude du fervice qu'il doit à la patrie, il ne tardera pas à s'en croire conftamment affranchi. Vouloir lui rappeller fes devoirs dans un moment où il feroit néceffaire qu'il les remplît, lui paroîtroit une atteinte à fa liberté.

L'armée auxiliaire deftinée à partager à la guerre les travaux de l'armée de ligne, doit être compofée de la même efpèce d'hommes. Le nombre des célibataires propres au métier des armes par leur taille, & par l'habitude du travail qui prépare feule le corps aux fatigues de la guerre, ne forme pas le vingt-cinquieme de la population totale du Royaume. Admettre fix à huit cent mille hommes dans cette claffe, c'eft beaucoup. S'il s'agiffoit de lever tout-à-la-fois, & au moment même de la guerre, les cent mille hommes néceffaires pour former cette armée, un homme fur fept ou huit au plus de cette claffe feroit contraint à marcher. Si les moyens employés pour les lever ainfi en totalité étoient volontaires, ils feroient impoffibles; s'ils étoient forcés, ils ne pourroient pas manquer de paroître durs à des hommes que le patriotifme ne décide pas toujours, lorfque le danger n'eft pas perfonnel ; & les lenteurs ou les troubles occafionnés par une levée auffi confidérable, pourroient avoir des fuites funeftes pour les fuccès de la guerre, dépendans fouvent de la célérité de fes premiers préparatifs.

Si au contraire cette armée auxiliaire étoit toujours défignée avant le moment des befoins ; fi au lieu de lever précipitamment & à la fois les cent mille hommes néceffaires pour la compofer, les levées avoient lieu d'années en années, foit pour la former infenfiblement, foit pour réparer de la même manière fes confommations, & fes congés : les engagemens volontaires pourroient alors avoir lieu en raifon d'une moindre quantité d'hommes néceffaires, & les moyens forcés même s'il étoit indifpenfable de s'en fervir, ne produiroient pas des fecouffes auffi violentes, puifqu'ils n'attaqueroient pas à la fois une auffi grande quantité d'individus. La prudence veut donc, ainfi que la politique, que cette armée foit toujours défignée pendant la paix, & que fes levées aient lieu tous les ans fans interruption.

SECONDE QUESTION,

Les gardes nationales peuvent-elles tenir lieu de l'armée auxiliaire ?

L'objet d'utilité des gardes nationales eſt de maintenir & d'aſſurer la liberté & la tranquillité publique. Des citoyens domiciliés & connus employans des moyens de douceur & de perſuaſion avant d'uſer de la force des armès, peuvent y réuſſir effectivement d'une manière plus efficace auprès de leurs compatriotes, que ne pourroient faire des troupes réglées, dont le nom ſeul, par une ſuite d'un ancien préjugé, que le nouvel ordre de choſes anéantira ſans doute, inſpire toujours une certaine frayeur aux citoyens qui ne ſont pas auſſi familiariſés avec elles. Un accord heureux entre ces deux eſpèces de forces publiques, peut produire les plus ſalutaires effets, ſi des loix ſages, en les conſtituant & en réglant leurs droits, ne cherchent pas à les confondre, ni à les ſubordonner les unes aux autres ; les troubles les plus grands en peuvent naître, ſi des prétentions rivales peuvent exiſter entre elles.... La ſageſſe du co-

mié de conftitution, chargé de confolider l'exiftence des gardes nationales, eft faite pour raf-
furer.

Mon but ici n'eft point de préfenter mes réflexions à ce fujet; je me bornerai feulement à
examiner fi les gardes nationales peuvent, ou
ne peuvent pas tenir lieu de l'armée auxiliaire.

Ces troupes nationales ne font encore ni organifées ni conftituées. Deftinées à maintenir
la liberté & la tranquillité dans leurs propres
foyers, el es me paroiffent devoir être compofées
par la réunion de tous les ci oye s, pour la
fûreté de leurs propriétés & de leurs perfonnes;
leur plus grand intérêt à la chofe publique doit
être le plus fûr garant de leur zèle. La nature
du fervice qu'ils peuvent avoir à faire, ne doit
jamais être dans le cas de les enlever à leur famille, à leurs affa res, à leurs travaux. Servant
dans le lieu même de leur domicile, leurs fonctions ne peuvent les en détourner que momentanément, & ne font pas d'une efpèce à les empêcher de pourvoir par leur travail à leur fubfiftance, & à celle de leur famille, s'il peut leur
être néceffaire, puifqu'el es ne peuvent occafionner pour eux tout au plus, que la perte de
quelqu'unes de leurs journées. La fatigue de

leur service n'exige point un corps qui y soit accoutumé. Tous les gens mariés, tous les célibataires, tous les individus quelconques depuis l'âge de la puberté, jusqu'a celui de la caducité; tous ceux que leur défaut de taille, ou la foiblesse de leur tempérament rendroient incapables d'un service plus actif, tous les états, toutes les professions, enfin toutes les classes de citoyens peuvent, & doivent même concourir également à celui-ci.

Il ne peut être juste pour tous & léger pour chacun, qu'autant qu'il sera supporté sans distinction par tous ceux que leur intérêt commun y appelle.

Tous les citoyens sans aucune exception depuis l'âge de vingt ans jusqu'à celui de soixante, me paroissent donc devoir être inscrits pour composer les gardes nationales, & pour y servir, soit tous à la fois, soit successivement, dans un nombre déterminé, soit enfin seulement dans certaines circonstances, selon qu'il sera décidé par les loix qui consacreront leur existence. Telles sont les idées que je me forme sur la composition de ces troupes citoyennes que l'honneur a formé, & qu'un patriotisme bien dirigé pourra rendre précieuses pour le bon-

heur

heur de la nation, & pour la tranquillité de leurs concitoyens.

L'armée auxiliaire, par la nature du service qu'on est dans le cas d'en exiger, quoiqu'inactive en temps de paix, doit toujours être prête à servir au premier signal de guerre, & à se réunir à l'armée de ligne. Il faut qu'elle soit composée comme elle d'hommes forts & vigoureux, en état de supporter les fatigues d'une campagne, d'hommes habitués au travail, & à un genre de vie qui puisse les y préparer, d'hommes enfin qui, par leur existence, puissent d'un moment à l'autre abandonner leurs foyers avec célérité, pour se porter à la défense de l'état, sans pouvoir en être détournés par les embarras des affaires domestiques, ou par les inquiétudes toujours renaissantes d'une famille que l'absence de son chef pourroit mettre dans l'embarras, & peut-être même plonger dans la misère.

Si les gardes nationales devoient être destinées à former l'armée auxiliaire, tous ceux que leur âge, leur défaut de taille, leur foiblesse, ou les embarras de leur ménage rendroient peu susceptibles de marcher à la guerre, ne pourroient la composer; il faudroit faire un choix

G

parmi eux. Les campagnes pourroient bien n'a-
voir pas de gardes nationales, ou certainement
au moins, elles ne les entretiendroient pas conftamment fur pied. Si elles n'en ont point, elles
ne contribueroient donc pas à fa formation ; ce
feroit alors fe priver des quatre cinquièmes à peu-
près de la population totale du royaume. Si elles
en ont, mais qui ne foient pas fur pied, quel
embarras alors, quel trouble peut-être ne ver-
roit-on pas réfulter de l'obligation d'affembler
ainfi les gardes nationales des villages dans le
moment feulement où il faudroit faire un choix
parmi elles. Enfin comment fe feroit ce choix
tant dans les villes que dans les campagnes,
feroit-il forcé ? Il faudroit alors établir des régles pour y procéder, former des claffes, prononcer des exceptions en faveur de ceux qui ne
feroient pas propres à marcher à la guerre. Tous
les citoyens fe doivent également au fervice de
la patrie, mais aucun individuellement ne s'y
doit d'une maniere plus particulière. Comment
fe formeroient ces claffes ? Quelles feroient les
régles de la contribution ? Ce feroit retomber
dans les inconvéniens du defpotifme qui a fait
rejetter le moyen de la confcription militaire,
& s'expofer en même temps à tous les troubles

& à tous les embarras que j'ai détaillés ci-def
fus, comme réfultans d'une levée auffi confidérable, & faite précipitamment dans le moment même des befoins.

S'en rapporteroit-on, pour la formation de
cette armée, au zele de ceux qui fe préfen-
teroient volontairement pour fervir?

Il pourroit fans doute s'en rencontrer parmi
des François; mais fi la premiere fois une ardeur guerriere pouvoit y déterminer des jeunes gens en affez grand nombre, pourroit - on
fe flatter que le même enthoufiafme fe renou-
velleroit tous les ans pour réparer les pertes
dans le courant d'une longue guerre? Envain
on objecteroit l'étonnante célérité, avec laquelle toutes les gardes-nationales ont été formées à la fois dans le royaume. Les premiers
élans d'un patriotifme renaiffant chez un peu-
ple courant après la liberté, les craintes d'un
danger qu'on croyoit entrevoir, ont pu produire cet effet pour un fervice intérieur qui
ne devoit pas éloigner le citoyen de fes foyers.
Cet enthoufiafme feroit-il le même, s'il s'a-
giffoit de marcher à la défenfe de frontieres
éloignées, ou contre un ennemi qui ne me-
naceroit pas directement les propriétés? Les

gardes-nationales enfin subsisteroient-elles long-
tems, si on les assujettissoit à un service pénible
& fatiguant, qui, en obligeant les citoyens à
abandonner leur domicile, les forceroit à renoncer à leurs affaires & à leurs habitudes....
Je n'ose le croire. L'exemple même des répu-
bliques anciennes, dans lesquelles le patriotisme étoit au plus haut degré, suffit pour
démontrer combien il seroit dangereux de
compter pour moyen unique dans des momens
de danger, sur les effets d'un zele constant &
durable. Des légiflateurs pourroient - ils faire
dépendre la défense de l'état, de la volonté
plus ou moins grande de ceux qui se propose-
roient d'eux-mêmes pour y concourir ?

D'après toutes ces observations, je pense que
les gardes - nationales ne peuvent pas être les
premiers élémens de l'armée auxiliaire ; qu'il
seroit dangereux & impraticable de chercher
à exécuter ce projet ; qu'il faut nécessairement
employer d'autres moyens pour sa composition,
& que cette armée & les gardes - nationales
doivent être indispensablement deux corps distincts & séparés.

TROISIÈME QUESTION.

Quels font les moyens à employer pour la formation de l'armée auxiliaire.

Tous les citoyens fe doivent également au fervice de la patrie : c'eſt une vérité reconnue. Aucune claffe particuliere ne peut ni ne doit y être forcée , ou toutes doivent l'être également. Tous les hommes cependant ne font pas propres au métier des armes. Cette raifon a fait rejetter le fyſtême du fervice perfonnel, obligé pour le recrutement de l'armée de ligne , & a fait préférer les enrôlemens volontaires à prix d'argent , comme le moyen le plus fûr de lui procurer l'efpece d'hommes la plus convenable. L'armée auxiliaire doit en faire partie , lorfque les circonftances exigeront une augmentation de force ; elle eſt deſtinée au même fervice de guerre : pour en être fufceptible, elle doit être compofée de la même efpece d'hommes. Il faut donc employer les mêmes moyens , ou des moyens équivalens pour fa formation.

Suivant le régime actuel , le tirage au fort

conftitue les miliciens. Les privilèges de certaines claffes, les exemptions multipliées prononcées par des ordonnances, & même fouvent
arbitrairement par ceux chargés de ces opérations,
les abus qui s'introduifoient dans ces tirages,
les monopoles auxquels ils donnoient] lieu, { la
perte de tems, & les véxations fréquentes auxquelles ils expofoient principalement les habitans des campagnes, ont fait regarder ce moyen
comme odieux ; l'opinion publique fe réunit
pour en demander la profcription, & prefque
tous les cahiers des bailliages s'accordent à fol-
liciter fa converfion en un moyen pécuniaire.

Quelques provinces ou villes privilégiées étoient
autorifées à s'en fervir. Elles engageoient la quantité de miliciens qu'elles étoient obligées de
fournir. Ce moyen pourroit être introduit dans
tout le Royaume ; il deviendroit moins cher en
le rendant général, & en l'affujétiffant à des
règles fixes & déterminées, qu'il ne l'étoit pour
ces villes qui en faifoient ufage ifolément , & il
feroit moins onéreux, parce que cette dépenfe,
acquittée d'après les principes actuels, par la
totalité des citoyens en raifon de leur fortune,
& non plus par une feule claffe uniquement gre-

vée de cet impôt, ne feroit effectivement une charge pour aucuns.

D'après ces réflexions je penfe que les enga-Engage-
mens vo-
lontaires.gemens volontaires doivent remplacer le tirage au fort pour la formation de l'armée auxiliaire.

Le foldat qui s'engage volontairement dans l'armée de Ligne, reçoit le prix de fon engage-ment, mais il eft affuré de fa fubfiftance & de fon entretien pendant tout le tems de fon fer-vice. Donner aux hommes qui s'engageroient dans l'armée auxiliaire un prix d'engagement plus fort, en raifon de ce qu'ils n'auroient pas de folde, feroit nuire au recrutement de l'armée de Ligne. L'homme qui s'engage calcule rare-ment l'avenir, & les obligations qu'il con-tracte, il ne fonge guère qu'au préfent, & à la fomme qu'il reçoit. Donner un prix moins con-fidérable, feroit par la même raifon s'expofer à en manquer. Je voudrois donc que les engage-mens donnés pour l'armée auxiliaire au mo-ment même de l'enrôlement, fuffent moins chers que dans l'armée de Ligne, mais qu'une efpèce de folde fixée par jour, & payée feule-ment tous les ans au moment des revues à paf-fer, pour conftater l'exiftence de ces hommes, put fervir d'appas pour les y déterminer.

G 4

Les engagemens dans l'armée de ligne font à-peu-près fur le pied de 12 liv. 10 f. par chacune des années de fervice. Ils pourroient être pour l'armée auxiliaire de 9 liv. par chaque année, & une folde de 21 liv. par an fur le pied de 1 liv. 15 f. par mois payable à la fin de l'année, & au moment des revues, pourroit devenir pour ainfi dire le complément de l'engagement.

Cette fomme de dix écus par an à payer à chacun des cent mille hommes compofans l'armée auxiliaire, pourroit peut-être paroître exorbitante au premier coup-d'œil ; mais on la trouvera bien légère fi l'on penfe à toutes celles que coutent aujourd'hui les tirages des milices, & tous les frais acceffoires. J'en préfenterai le tableau comparatif à l'article des dépenfes.

Si les militaires étoient chargés de préfider à ces engagemens, ils pourroient être foupçonnés de moyens vexatoires, & ils n'en auroient aucuns, ni de force, ni de perfuafion, à employer par eux-mêmes, fi les hommes ne vouloient pas s'engager ; ces levées ne peuvent donc être faites que par les foins des différentes affemblées adminiftratives des départemens mêmes : elles feules pourroient répondre de ces hommes ainſi abandonnés pour ainſi dire à eux-mêmes : elles ſeules pourroient avoir des moyens coercitifs , en cas que ceux en argent ne puſſent pas ſuffire.

Je voudrois donc ,

1°. Que chaque département fût taxé à un contingent d'hommes , proportionné à ſa population.

2°. Que ſon aſſemblée adminiſtrative en fit la répartition ſur les diſtricts , & de là ſur les municipalités qui en répondroient.

3°. Que pour être aſſurée de fournir ces hommes , chaque municipalité tint un regiſtre de tous les célibataires , ſans diſtinction d'état , depuis l'âge de 20 juſqu'à 40 ans , leſquels ſeroient aſſujettis à ce ſervice perſonnel obligé , ſauf à ſe faire repréſenter par des avoués qu'ils fourniroient.

4°. Que les municipalités ne puiſſent néanmoins employer ce moyen que lorſque celui des engagemens à prix d'argent ne pourroit plus y ſuffire.

5°. Que les municipalités fuſſent autoriſées à paſſer ces engagemens , à en payer le prix fixé , en le faiſant ſigner , ainſi qu'à acquitter la ſolde tous les ans ſur le vu-bon du prépoſé

Hommes fournis par chaque département. --- Moyen pour les lever & les payer.

militaire à commettre à cet effet , ainſi qu'il ſera dit ci-après.

6°. Enfin, que les aſſemblées adminiſtratives des départemens fuſſent chargées de la répartition & de la perception des ſommes néceſſaires pour acquitter ces dépenſes.

Qualités preſcrites pour les hommes de l'armée auxiliaire.

Tous les hommes ne ſont pas également propres au métier des armes. Pour en être ſuſceptible , il faut être fort, bien conſtitué , dans la vigueur de l'âge , & libre. Une taille trop élevée eſt inutile ; une trop baſſe rend incapable de ſupporter les fatigues , les embarras d'une famille , ou de certains états, empêchent de quitter ſes foyers , je voudrois donc que tout homme , pour être admis à ſervir dans l'armée auxiliaire, fût de la taille de cinq pieds un pouce au moins, bien conſtitué , de l'âge de 16 à 40 ans , célibataire, n'exerçant point une profeſſion ou un état qui pût l'empêcher de marcher au premier ordre , & enfin qu'il fût domicilié , & connu dans ſa municipalité. Ces deux dernières conditions ſeroient ſur-tout indiſpenſables avec les enrôlemens à prix d'argent. Il eſt inutile de payer, pour ne rien faire pendant la paix, un homme d'un état qui l'empêcheroit de marcher lorſqu'on auroit beſoin de son service, & ce seroit compromettre un engagement que d'en donner la valeur à quelqu'un qui ne seroit pas connu.

Telles sont les qualités que je pense qu'on devroit exiger des municipalités pour les hommes qu'elles devroient fournir.

Ces hommes ainsi inscrits pour l'armée auxiliaire resteront toujours citoyens. Il est juste d'une part qu'ils ne perdent pas leur liberté civile, mais la justice exige de l'autre qu'ils soient cependant assujettis, en raison de l'engagement qu'ils auront contracté, ou de l'obligation qui leur aura été imposée, à de certains devoirs tenant à l'essence même de leur service.

Je voudrois donc qu'aucun d'eux ne pût abandonner son domicile, se marier, embrasser un état qui pourroit l'en détourner pendant tout le tems qu'il devroit avoir lieu, sans se mettre dans le cas d'être puni ; mais je voudrois en même-tems, pour lui donner à ce sujet toutes les facilités de liberté qui pourroient lui être nécessaires, qu'il lui fût permis de substituer à sa place un autre homme ayant comme lui les qualités requises, & qui s'engageant à remplir le tems qui lui resteroit à faire, seroit agréé par sa municipalité.

Obligations des hommes de l'armée auxiliaire.
Substitutions.

Ces hommes ainfi fournis pour l'armée auxiliaire appartiennent dès ce moment à la force
publique , c'eft à ceux chargés de fa direction à
furveiller leur exiftence pour s'affurer les moyens
de les raffembler avec facilité.

Prépofés
militaires
pour les re-
vues. Je voudrois donc qu'un , ou plufieurs prépofés
militaires dans chaque département fuffent char-
gés de les agréer, de les refufer,& de les paffer en
revue tous les ans pour ordonner alors le paiement
de leur folde , en fe tranfportant eux-mêmes à cet
effet dans les cantons dans lefquels ils fe raffemble-
roient ; je voudrois qu'en conféquence les municipalités fuffent obligées de leur faire paffer exacte-
ment& à fur à mefure les fignalemens de ces hommes fournis par elles , foit en raifon du fervice
obligé , des engagemens à prix d'argent , ou des
fubftitutions. Enfin , je voudrois qu'en cas de
conteftations entre ces prépofés militaires &
les municipalités , les affemblées adminiftratives des départemens fuffent chargées de prononcer.

Si la durée du fervice n'étoit fixée qu'à un an,
il en pourroit réfulter de grands inconvéniens à
la guerre par les mutations fréquentes que cela
occafionneroit dans les armées: elles courroient
le rifque de fe voir totalement anéanties à la fin

d'une campagne , & refteroient expofées à toutes les inquiétudes d'un incomplet toujours menaçant. Si par le moyen d'une obligation de fervice auffi courte , tous les remplacemens pouvoient fe trouver dans le cas de fe faire tous les ans , fi les premieres levées des 100 mille hommes deftinés à compofer cette armée devoient s'exécuter en même-temps dans le premier moment, la quantité d'hommes néceffaires à fournir à la fois pourroit nuire à la facilité de les trouver par des engagemens volontaires, ou paroître dure, fi les moyens étoient forcés, & peut-être par cette raifon occafionner quelques troubles.

En conféquence je défirerois 1°. que la durée des engagemens fût fixée à 6 ans. 2°. Que le complettement de l'armée auxiliaire ne s'achevât que dans cet efpace de tems. 3°. Enfin que par ce moyen ces levées d'hommes , tant pour fa former dans fon début , que pour fes remplacemens à venir , n'euffent lieu déformais tous les ans que fur le pied d'un fixieme chaque année.

Il exifte actuellement des milices, dont le fervice déterminé par le fort n'eft pas encore fini. Les forcer à le continuer lorfqu'ils n'y font affujettis qu'en raifon d'un moyen profcrit par l'opinion publique, paroîtroit une injuftice. Mais, dira-t-on peut-être, la bourfe commune qu'ils ont reçue eft une efpèce d'engagement, les licentier aujourd'hui après les fommes qu'ils ont ainfi reçues pour les fix années de leur fervice, lever de nouveaux foldats qu'il faudroit payer encore, en deviendroit une pour ceux de leurs concitoyens qui les ont déjà payés, & qui feroient encore obligés de contribuer pour les nouvelles levées néceffaires pour les remplacer. Ces bourfes communes n'étoient pas autorifées, aucune ordonnance ne les établiffoit, des légiflateurs ne font pas cenfés les connoître. Elles étoient un effet de la fenfibilité de leurs compatriotes, & non pas un engagement. Ce raifonnement ne pourroit être fondé que pour les villes ou provinces, autorifées à un recrutement à prix d'argent pour leurs milices. Les hommes ainfi fournis par elles, ont contracté une obligation, ils en ont reçu la valeur, on ne peut pas les en difpenfer, au préjudice de ceux qui les ont engagés.

Licentiement des milices actuelles. D'après ces obfervations, je voudrois que tous les miliciens actuels obligés par le fort au fervice fuffent licentiés, mais que les hommes engagés par les villes ou provinces qui y étoient

autorifées, & fournis par elles comme miliciens ;
fuffent obligés de continuer leur fervice, & tinf-
fent lieu pour elles de ceux dont elles devroient
contribuer à la formation de l'armée auxiliaire.

QUATRIÈME QUESTION,

*Quel doit être le fervice de l'armée auxiliaire à
la paix & à la guerre.*

L'objet d'utilité de cette armée eft de laiffer
habituellement des bras utiles aux travaux des
campagnes , & d'empêcher l'état d'être écrafé
par les dépenfes d'une force militaire trop confidérable, en confervant en même-tems des reffources pour l'augmenter promptement par ce
moyen , lorfque la guerre exigeroit de plus grands
efforts.

Le but de fon inftitution feroit manqué pendant la paix fi elle pouvoit-être fufceptible de
quelque fervice ; il faudroit alors la raffembler
& la folder. Si ces raffemblemens étoient longs,
ils feroient préjudiciables à l'agriculture, & feroient très difpendieux, s'ils étoient courts, &
uniquement, pour ainfi-dire, pour la forme tels
qu'ils avoient lieu dans l'ancien fyftême des

milices ; ils feroient inutiles pour fon inftruction, & occafionneroient encore des dépenfes, à caufe des officiers qu'il faudroit y attacher, & des parties d'habillement & d'équipement qu'il faudroit entretenir dans des magafins, quel que doive être fon fervice à la guerre, l'inftruction ne lui eft pas fort néceffaire. Tout doit donc décider à prononcer qu'elle ne fera aucun fervice pendant la paix, & qu'en conféquence il eft inutile da la former en régimens, bataillons ou compagnies, ni d'y attacher des officiers.

Aucun fervice ni raffemblement pendant la paix, en conféquence point formé en régimens, bataillons, ni organifée en officiers.

Garder les côtes, les frontieres, être employée aux différens travaux ou fervices particuliers de l'armée ou de l'artillerie, & completter les régimens de ligne, font les fervices dont elle pourra être fufceptible pendant la guerre, ou lorfque quelques inquiétudes fur les démarches des puiffances voifines pourroient obliger à des précautions dictées par la prudence ou la politique. C'eft alors feulement & dans les deux premiers cas qu'il pourroit être néceffaire de former en corps, ou en compagnies, fuivant la nature du fervice, la portion de cette armée qui devroit y être deftinée. Affez d'officiers ayant déjà fervi, & par conféquent fuffifament inftruits, fe préfen-

Portion deftinée à la garde des côtes, des frontières, & aux travaux de l'artillerie ou de l'armée à former en corps, & à organifer en officiers au moment de la guerre feulement.

teroient

tetoient alors pour ces p'aces , il feroit inutile d'y en attacher auparavant.

L'autre portion 'qui ne feroit deftinée qu'à completter les régimens de ligne à la guerre, n'a befoin d'aucune orgonifation.

L'armée de ligne doit être aux ordres du roi fon premier chef. L'armée auxiliaire doit y être pareillement. C'eft à lui feul à donner ceux nécef-faires pour la former en corps, pour la faire marcher fuivant les circonftances, pour envoyer les hommes deftinés à completter les troupes de ligne dans les dépôts où ils devront être raffemblés , & delà dans les régimens où ils devront être incorporés, en ayant égard, au-tant que faire fe pourra, à leurs convenances, & â leurs defirs particuliers.

Armée au-xiliaire aux ordres du roi.

Defirs & convenan-ces des hommes confultés autant que faire fe pourra pour les in-corpora-tions.

Lorfque les hommes de l'armée auxiliaire marcheront , foit individuellement , foit en corps pour fe rendre aux lieux de raffemble-mens , lorfqu'ils feront formés en régimens, bataillons ou compagnies , lorfqu'ils feront dans des dépôts en attendant les incorporations, ils doivent alors être entretenus aux dépens de l'état comme les autres troupes. Le traitement accordé à l'infanterie de ligne doit être le leur;

Traite-ment de l'infanterie pendant le

H

c'eft un principe qu'il me paroit de toute néceffité de confacrer.

La durée du fervice des hommes de l'armée auxiliaire doit être fixée à 6 ans pendant la paix. C'eft le tems qu'ils auront promis de fervir en raifon de leur engagement, ou qui leur aura été fixé. Vouloir les y contraindre plus long-tems feroit une injuftice; mais fi le moment de la paix permet de donner les congés le jour même de leur échéance, il ne feroit guère poffible à l'armée de les délivrer avec cette exactitude. Un recrue arrivant ne peut pas dans le courant d'une campagne, remplacer un homme déjà fait au fervice.

Je voudrois donc qu'en tems de paix les congés s'expédiaffent le jour même de leur échéance, mais qu'à l'armée ils ne fe délivraffent qu'à la fin de la campagne, & au moment de la rentrée des troupes dans leurs quartiers, fauf à indemnifer l'homme ainfi retenu quelques mois de plus, du fervice plus long que les circonftances auroient mis dans le cas d'exiger de lui.

L'armée auxiliaire ne devant pas être dans le cas de fervir pendant la paix, les régimens, bataillons ou compagnies qui auroient pu être formés pour le tems de la guerre, doivent être

dans le cas d'être licentiés auffi-tôt. Il en doit
être de même des hommes incorporés dans les
régimens de ligne. Le renvoi de ces hommes,
dira-t-on, détruira pour ainfi dire les régimens
qui les auront reçus. Cela fera fâcheux, fans
doute, mais la paix étant faite, la force de ces
régimens fera dans le cas d'être réduite, leur
complet alors n'eft plus auffi intéreffant, c'eft
à eux par leurs foins & par leur zèle à chercher
à réparer leurs pertes, & ce ne peut-être un
prétexte pour retenir, ainfi qu'il a été fait à la
paix de 1763, tous les miliciens incorporés,
pour ne les renvoyer chez eux que par années,
& fuivant le tour des claffes dans lefquelles on
les partageroit.

Je penfe donc que les corps de l'armée auxi
liaire qui auroient pu être formés pendant la
guerre doivent être licentiés, & que tous les
hommes qui auroient été incorporés, doivent
être renvoyés chez eux auffi-tôt, pour y achever
les uns & les autres le tems de fervice qui pourroit leur refter à remplir.

Telles font les diverfes organifations que je
regarde comme les plus convenables à donner
aux différentes parties de la force publique. Il
pourroit fans doute en être de meilleures, mais

il ne me paroît pas en exister de préférables
dans ce moment ci, à cause de leur simplicité,
& du peu de dérangement qu'elles apporteroient
dans l'ordre ancien, & dans l'existence, & les
habitudes de tous les individus.

CHAPITRE IV.

*Composition de l'armée en soldats (1). — Choix
des officiers.*

L**E** desir de rendre l'espèce d'hommes composant l'armée meilleure encore, de fournir à son
entretien des moyens plus sûrs & plus prompts
que ceux des enrôlemens volontaires, de débarrasser les villes des désordres que quelques
recruteurs s'y permettent quelquefois, en y
travaillant avec immoralité, avoient fait proposer d'admettre une conscription militaire, laquelle embrassant, sans aucunes distinctions,

(1) Par le mot générique *soldat*, j'entendrai dans
ce chapitre, & dans les suivants, tous les grades inférieurs de toutes les armes.

tous les citoyens de tous les états, les aſſuje-
tiroit à un ſervice obligé qu'ils ſeroient tenus
de fournir en perſonne, ou par des avoués par
leſquels ils ſe feroient repréſenter.

Déjà dans un premier rapport fait à l'aſſemblée nationale, j'ai démontré que l'eſpèce
d'hommes compoſant l'armée reſteroit la même,
parce que la même eſpèce d'hommes ſerviroit,
ſoit par le tour de la conſcription, ſoit comme
avoués de ceux que leur état, leur fortune, la
foibleſſe de leur tempérament, ou leur exiſtence
écarteroient du metier des armes.

Déjà j'ai prouvé que la population priſe pour
baſe de la contribution en hommes à fournir
par chaque province, ne ſeroit pas une proportion exacte, puiſqu'il exiſte une différence mar-
quée entre celles du nord & celles du midi,
rélativement au nombre d'hommes en état de
ſervir dans chacune, & une plus grande encore
dans leurs habitudes pour y contribuer volontairement.

Enfin, j'ai déjà démontré dans ce même rapport que le moyen des avoués permis en faveur
des citoyens qui ne voudroient pas marcher en
perſonne, ſeroit plus diſpendieux que celui des
engagemens volontaires à prix d'argent ; que le

service perfonnel obligé entraînant après lui les effers les plus funeftes du defpotifme, ne pouvoit point convenir pour moyen habituel, & qu'il ne pouvoit s'adapter qu'à la formation des gardes nationales, dont les fonctions ne font pas de nature à forcer les citoyens à abandonner leurs foyers, ou tout au plus à celle de l'armée auxiliaire dans des circonftances extraordinaires, après l'épuifement des moyens pécuniaires, ainfi que je l'ai propofé ci-deffus. Je ne répéterai point ici toutes les raifons fur lefquelles le comité militaire avoit motivé fon opinion. — L'affemblée nationale à déjà prononcé en conféquence; & en approuvant la fageffe de fon décret, je ne puis que perfifter à penfer que l'armée de ligne doit être recrutée habituellement, ainfi que l'armée auxiliaire, par des enrôlemens volontaires à prix d'argent, & que le fervice

Formation de l'armée en foliats.

Engagemens volontaires à prix d'argent.

perfonnel obligé ne peut convenir tout au plus à la formation de la dernière, que dans des momens de crife, & à la dernière extrémité.

Le moyen des enrôlemens à prix d'argent a fans doute des inconvéniens dans la forme; mais de nouvelles loix pourront y rémédier. Ce n'eft pas ici le moment de propofer leurs détails qui tiennent à l'adminiftration. Exami-

nous à préfent la maniere de compofer l'armée en officiers.

Il eft deux moyens pour parvenir à ce grade
dans les régimens ; le premier, en le méritant
par les fervices de foldats & de bas-officiers ;
l'autre , en l'obtenant tout de fuite, & fans
avoir fervi , fur la feule efpérance préfumée
d'en être dignes un jour. Le premier de ces
moyens devient la récompenfe du mérite, &
offre des efpérances à l'émulation. Dans un
moment où les régimens vont devenir fans
doute compofés d'une meilleure efpece d'hommes, en raifon d'un meilleur fort & d'une
exiftence plus affurée, il ne faut pas diminuer
pour eux la poffibilité d'obtenir ce grade ; &
il eft important au contraire de leur en multiplier les facilités , & de leur y affurer un
avancement raifonnable. Il ne faut que prefcrire des regles contre l'arbitraire qui a préfidé
depuis long-tems à leur choix. Je m'en occu-
perai ci-après au chapitre fuivant, de l'avancement militaire.

L'autre moyen de devenir officier eft plus
prompt ; & s'il ne falloit pas pour le commandement des qualités qui tiennent à une certaine aifance de laquelle dépend une éducation

première que la plupart de ceux qui fe def-
tinent à l'état de foldat, ne peuvent pas avoir
reçus , & qu'ils n'acquierent ordinairement
qu'en fervant, il pourroit paroître injufte. Mais
s'il choque un peu en apparence l'égalité des
hommes en droits , il eft une fuite néceffaire
de l'inégalité des hommes en moyens. Il eft
donc indifpenfable de deftiner les places d'officiers, de préférence, à ceux que leur éducation fait préfumer plus capables de les remplir,
& de n'y déroger qu'en faveur de ceux que
leur aptitude éprouvée dans leur fervice comme
foldats , & comme bas-officiers, peut en faire
juger fufcept bles.

Les colonels choififfent & propofent feuls
aujourd'hui les officiers. Le roi s'eft réfervé feulement la nomination d'un certain nombre
d'emplois. L'âge & la naiffance font deux
qualités prefcrites. Cette derniere condition ne
doit plus avoir lieu; tous les citoyens doivent
avoir un droit égal à tous les emplois, il ne
s'agit que d'établir les regles de leur admiffion.
Si les chefs des corps ne les commandoient
que pour y maintenir l'ordre & la difcipline,
s'ils ne pouvoient y faire que du mal, fans être
fufceptibles de procurer aucunes graces ; enfin

s'ils n'avoient pas une certaine prépondérance
dans le choix d'une partie de ceux qui doivent
servir dans des corps dont ils répondent, ils
ne pourroient y jouir d'aucune considération ;
elle est cependant nécessaire pour le bien même
du service. Il faut donc qu'ils puissent avoir
quelques moyens pour la conserver. Mais si
les colonels sont toujours les maîtres des choix,
ils le feront aussi, dira-t-on, de rendre illusoire
le décret qui prononce l'admission de tous les
citoyens à tous les emplois militaires. Il est un
moyen d'arranger ces difficultés. Le roi doit
seul avoir le droit de choisir les officiers destinés à composer l'armée. Sur trois emplois
vacans dans un régiment, il peut en laisser un
à la proposition du colonel, en nommer un
à sa volonté, & choisir le troisieme parmi des
sujets, qu'il peut autoriser les assemblées des
départemens à lui présenter, & qu'il pourroit
leur promettre de nommer, suivant le tour
qui pourroit être établi entr'elles, & d'après
les regles qui pourroient être déterminées à ce
sujet.

Quelques mémoires avoient proposé un concours pour les choix, les uns dans chaque département, les autres dans chaque régiment.

Les premieres fonctions des premiers grades d'officiers ne font pas affez intéreffantes pour exiger une inftruction préliminaire : elle eft néceffaire dans l'artillerie & dans le génie. C'eft dans ces corps feuls que les examens peuvent être confervés en adoptant les mêmes moyens pour l'admiffion aux places d'éleves entretenus à leur fuite ; mais dans les autres corps, le fervice n'en retireroit aucun avantage réel , & il ne pourroit en réfulter que des préférences accordées aux richeffes qui fe trouveroient toujours l'emporter , en raifon d'une éducation plus foignée qu'elles auroient pu mettre dans le cas de donner à des jeunes gens , peut-être moins méritans dans le fond , que d'autres moins fortunés qui pourroient fe préfenter avec eux au concours.

Inconvéniens des concours pour les choix, excepté dans l'artilerie & le Génie.

Les habitans des provinces frontieres auroient de grands avantages par ce moyen. La quantité de troupes de toutes les armes, dont les jeunes gens feroient entourés dès leur enfance , leur donneroit de grandes facilités pour acquérir des notions militaires, tandis que ceux des provinces de l'intérieur n'en auroient aucunes.

Je penfe donc que ce moyen doit être rejetté, & que celui que j'ai propofé ci-deffus

concilie tous les intérêts, & ménage tous les
droits ; car il n'eft pas vraifemblable que les
affemblées des départemens négligent ceux de
leurs concitoyens certaines claffes dans les
propofitions qu'elles feroient autorifées à faire
à un tiers de tous les emplois qui viendroient
à vaquer.

Le nombre des emplois qui vaqueront à l'a-
venir pourroit très bien ne pas répondre à la
quantité des jeunes gens , qui ne voulant pas
fervir comme foldats, voudroient être admis
comme officiers : on pourroit à cet effet autorifer les colonels à recevoir des volontaires fur le
pied d'un par compagnie. Ces jeunes gens ainfi
admis, fans être engagés, devroient faire le fervice des foldats, être aftreints à tous leur devoirs,
fans néanmoins loger à la chambrée. Ils pourroient être fufceptibles de parvenir par les grades
s'ils méritoient le choix de leur capitaines , ou
d'être nommés par le colonel à fon tour de pro-
pofition ; & en attendant un emploi , foit qu'ils
l'obtiennent, ou non , ils pourroient du moins
acquérir par le fervice toutes les graces que le
métier des armes peut faire efpérer dans l'état
de foldat & de bas officier, & avoir du moins

Admiffion
d'un volon-
taire non-
engrgé par
compagnie

des services autorisés à rappeller lorsqu'ils deviendroient officiers.

A quel âge à préfent pourra-t-on être admis au fervice? C'eft ce qui me refte à déterminer.

L'âge civique eft fixé par la loi, dira-t-on; comment commander les autres dans un âge qui ne donne pas encore les droits de citoyen ? c'eft une des objections faites contre l'âge de 16 ans prefcrit aujourd'hui pour l'admiffion des officiers, pour adminiftrer les affaires de fes concitoyens, pour leur dicter des loix, pour choifir même ceux auxquels cette fonction importante doit être confiée, il faut fans doute avoir atteint un âge qui rende fufceptible de réflexions; mais dans un métier qui demande principalement de la force & de l'activité, où le commandement des premiers emplois eft peu intéreffant, il feroit facheux de reculer leur début dans cette carriere, & de le fixer à une époque qui ne leur permettroit pas d'arriver affez jeunes à des grades plus élevés, qui demandent la force de l'âge réunie à l'expérience, & qu'ils ne pourroient acquérir que par ancienneté, c'eft-à-dire, par de longs fervices.

D'ailleurs le métier des armes eft un état de peines, de fatigues & d'obéiffance, il faut s'y ployer de bonne heure ; & fi l'on attendoit qu'un jeune homme eût atteint 18 ou 20 ans pour embraffer cette profeffion, ou courroit rifque qu'il n'y apportât un corps amolli & un efprit peu propre à la fubordination. L'expérience démontre fuffifamment que les jeunes gens, une fois devenus leurs maîtres, & libres de leurs actions pendant l'intervalle écoulé depuis leur fortie de l'éducation jufqu'au moment de leur entrée au fervice, tournent rarement bien, tandis que ceux qui y entrent jeunes, & en fortant de la férule des colléges, fe ployent avec beaucoup plus de facilité à toutes les obligation que l'état militaire leur impofe ; je penfe donc que l'âge pour être admis comme foldat ou en qualité d'officiers doit être fixé à 16 ans, *Age d'admiffion fixé à 16 ans.* fauf à ne recevoir ces jeunes gens en cette dernière qualité pour en exercer les fonctions, qu'après avoir fubi un examen pour montrer qu'ils ont acquis dans les grades fubalternes les connoiffances préliminaires indifpenfables.

CHAPITRE V.

Avancement aux grades.

Deux chemins sont ouverts à l'avancement militaire ; l'un par la carrière de soldat, l'autre par celle d'officier, en obtenant ce grade dès le début. Aucun ne doit être fermé pour ceux que leurs talents, leur zèle ou leur persévérance pourroient en rendre dignes. Il faut qu'ils soient tous susceptibles de parvenir aux places les plus élevées & les plus importantes ; mais si l'ancienneté seule doit suffire pour y donner des droits, il faut en même-tems que l'émulation conserve des espérances, que le roi puisse distinguer ceux qui mériteroient réellement, & les tirer de rang, non-seulement pour les récompenser, mais encore pour se procurer, sur-tout dans les emplois d'officiers généraux, des sujets susceptibles d'y arriver assez jeunes pour être encore dans l'âge de l'activité, lorsque leur grade les appelleroit au commandement ; ce qui n'arriveroit pas si l'ancienneté seule pouvoit y conduire. Il faut que le roi , chef su-

prême des armées , seul chargé de la direction &
de l'administration des forces publiques , puisse
avoir une grande influence dans le choix de
ceux auxquels il pourroit en confier les détails
les plus intéressans , & que par conséquent l'ancienneté perde un peu de ses droits , en proportion de l'importance des emplois ; enfin il faut,
que si le choix du roi doit être libre , il puisse
être en même tems assez restreint pour ne pouvoir tomber que sur des sujets déjà connus &
éprouvés , lorsqu'il s'agira de les appeller à la
tête des corps , & que l'arbitraire seul de sa volonté , ou plutôt celle de ses ministres, ne puisse
plus y placer des jeunes gens que leur âge seuldoit
en exclure. Tels sont les principes généraux d'a-
près lesquels je vais rracer les règles que je propose pour l'avancement , depuis l'état de soldat,
jusqu'au grade de maréchal de France.

Si tous ceux qui se destinent à l'état de soldat, *Avance-ment par la carrière de soldat.*
pouvoient avoir reçu une éducation qui les
rendît susceptibles d'un degré d'instruction nécessaire pour être chargés également des différens détails ; si tous pouvoient avoir les mêmes
qualités , & réunir à la même intelligence une
conduite également délicate , il est hors de doute
que l'ancienneté devroit donner des droits aux

foldats pour parvenir aux grades ; mais tel peut-être très brave, fervir à merveille, mais n'avoir pas affez d'aptitude pour être chargé de quelques détails. Tous n'ont pas les mêmes moyens, en raifon de la manière dont la plu-part ont été élevés, tous ceux même qui en ont le plus ne font pas propres à toutes les places : l'ancienneté ne peut donc pas y donner de droits. Il faut qu'elle reçoive quelques préférences, quelques douceurs, mais il ne faut pas qu'elle donne de commandement. Elle doit conduire aux places d'appointés dans chaque efcouade. C'eft cette raifon qui m'a décidé à propofer de les conferver dans l'organifation des différens corps.

Appointés à l'ancienneté.

Les caporaux, les fergents, les fourriers, les fergents majors, font les principaux agens des compagnies fous les ordres des officiers ; de leur bon choix dépend la bonne difcipline & la bonne adminiftration. Le capitaine eft, & doit être le chef immédiat de fa troupe, il doit en répondre, il doit donc avoir une grande in-fluence dans le choix de fes coopérateurs ; mais le chef du corps doit pareillement repondre de fa totalité ; rien ne doit donc auffi fe faire fans fon agrément & fans fon aveu.

Je

Je voudrois donc qu'à chaque vacance d'une de ces places, le capitaine pût proposer trois sujets choisis par lui, soit dans sa compagnie, soit dans les autres, & que le commandant du corps prononçât entre eux, assisté d'un conseil composé des quatre plus anciens du grade auquel il s'agiroit de nommer, & des quatre plus anciens de chacun des grades de bas-officiers qui lui seroient supérieurs. Ce conseil ne devroit pas avoir de voix prépondérante, mais uniquement discuter le mérite ou l'incapacité des sujets proposés. Ceux qui le composeroient ne devroient pas décider le choix, mais ils pourroient par la pluralité de leurs suffrages prononcer la réjection dans le cas où quelque sujet ne leur paroîtroit pas fait pour partager avec eux un grade qu'ils ont intérêt à voir bien composé.

Choix des caporaux, sergens, fourriers, sergens-majors; proposés par le capitaine.

Conseil pour assister le commandant du corps dans son choix.

Par ce moyen, en rendant l'avancement des soldats & des bas-officiers plus dépendant de leurs capitaines, on donneroit à ce grade de la considération dans sa compagnie, en assureroit davantage les espérances de ceux qui y peuvent prétendre, en les confiant à un officier plus rapproché d'eux qui peut mieux les connoître & les distinguer qu'un commandant de corps qui, ne les voyant qu'en passant, ne peut souvent les juger

I

que superficiellement. Enfin, en soumettant le choix à la discussion de leurs futurs camarades mêmes, on assureroit la bonne composition d'un grade dans lequel ils ont intérêt à ne voir admettre que de bons sujets, on éclaireroit le choix de celui qui doit le prononcer sans nuire à ses droits, & enfin on l'empêcheroit d'y mettre de la partialité, car comment pourroit-il s'en permettre, lorsqu'il en auroit autant de témoins.

Les adjudans officiers. Les adjudans doivent être l'ame de la discipline, & des détails des régimens. Aujourd'hui supérieurs à tous les sergens, mais inférieurs à tous les officiers, il résulte beaucoup d'inconvéniens de ce grade intermédiaire. La nature des fonctions dont-ils doivent être chargés, demande des sujets capables. Tous ceux qui mériteroient d'ailleurs d'être officiers, pourroient très-bien n'être pas susceptibles de ces places qui demandent une grande activité & beaucoup d'intelligence. Il est fâcheux d'en changer souvent, & de les perdre pour cet emploi dans un moment souvent où ils ne feroient que commencer à avoir l'habitude de ces détails : s'ils n'ont qu'un grade intermédiaire, la justice exige qu'on n'arrête par leur avancement, parce qu'ils font propres à des places dans lesquelles on voudroit les conserver.

Je voudrois donc qu'ils fussent sous-lieutenans, qu'ils roulassent avec eux, & qu'ils ne fussent dans le cas de quitter ces places que lorsque leur tour arriveroit de monter à la lieutenance, par ce moyen ils ne perdroient pas leur tems, & étant réellement officiers ils acquerroient plus d'autorité sur les bas-officiers & sur les soldats, en même tems qu'ils auroient plus d'égards à espérer de ceux dont-ils deviendroient les camarades.

Les porte-drapeaux, & porte-étendarts ou guidons, ont à présent le rang de derniers sous-lieutenans.

Porte-drapeaux & porte-étendarts roulans déformais avec les sous-lieutenans.

Le préjugé attache l'honneur des régimens à la conservation de leurs drapeaux & de leurs étendarts. Ils étoient autrefois confiés à des enseignes, à des cornettes; ou aux derniers officiers, toujours trop jeunes pour les défendre avec succès, & souvent trop foibles même pour pouvoir les porter. On a cru avec raison devoir les remettre entre les mains d'officiers expérimentés & counus. On les a choisis parmi ceux destinés à parvenir par les grades; les mêmes raisons doivent les faire conserver, mais ils n'ont aujourd'hui qu'un grade intermédiaire : dans un moment où l'on veut avec juſtice aſſurer l'avancement de cette claſſe d'officiers, on ne peut plus les laiſſer ſubſiſter tels qu'ils exiſtent par les ordonnances. Je voudrois donc qu'ils roulaſſent déſormais avec les ſous-lieutenans, pour parvenir comme eux aux lieutenances.

Avancement des bas officiers au grade d'officier. Suivant les ordonnances actuelles, les bas-officiers ne peuvent parvenir au grade d'officier que par la vacance des places de porte-drapeaux ou de porte-étendards, de quartier maître, & de ſous-lieutenans des grenadiers. Une fois parvenus à ces places, leur ſeule perſpective actuelle eſt d'arriver à leur tour, parmi eux, aux lieutenances des grenadiers dans l'infanterie, & à celle de lieutenans-ſurnuméraires dans les troupes à cheval. Ils ſont exclus de tous droits aux compagnies ; il eſt indiſpenſable de rendre leurs eſpérances d'avancement plus aſſurées.

Il a été propoſé ſur cinq places vacantes d'en attribuer une aux bas-officiers. S'il eſt néceſſaire que leur émulation ſoit ſoutenue par la certitude de parvenir, d'un autre côté il ſeroit fâcheux que les régimens ne fuſſent compoſés que par eux. Ces officiers ayant moins de reſſources chez eux, moins d'ambition peut être, en rai-

son d'une carrière ouverte plus tard, quitte-
roient moins, & toujours remplacés dans cette
proportion, ils finiroient par occuper toutes les
places de la tête des corps ; parvenant plus tard
aux grades, ne les obtenant qu'après des services déjà anciens, les régimens deviendroient
trop vieux pour fournir des sujets propres au
commandement dans l'âge de l'activité, ce seroit un premier inconvénient.

Si on les nomme toujours dans cette proportion, les places des porte-drapeaux, porte-
étendards & adjudans, que j'ai proposé de faire
rouler avec les sous-lieutenans, pourroient donc
être données indistinctement, suivant le tour de
nomination, à des nouveaux sujets, c'est à dire à des
jeunes gens qui ne feroient pas susceptibles de
les occuper. Il faudroit alors faire faire des mutations dans le même grade, pour y placer ceux
qui y feroient propres ; ce feroit encore un
inconvénient.

D'après ces observations, je voudrois que les
bas-officiers ne parvinssent au grade d'officier
que par les vacances des places de porte-drapeaux,
porte-étendards, adjudans, & sous-lieutenans
des compagnies de grenadiers & de chasseurs,
lesquelles leur feroient toujours réservées, &

Places
d'adjudans,
de porte-
étendards
& de sous-
lieutenans
des compa-
gnies de
grenadiers
& de chas-
feurs réfer-
vées aux
bas officiers.

I ;

qu'alors ils priffent leur rang parmi les fous-lieutenans. Ce moyen leur procureroit huit débouchés dans l'infanterie & fix dans les troupes à cheval. Leur nombre pourroit devenir auffi confidérable par là à la tête des corps, puisqu'une fois fous-lieutenans, & paffant comme eux aux autres emplois, ils laifferoient ces places vacantes par leurs promotions, mais du moins par là, l'avancement des bas-officiers dépendroit des mutations qui arriveroient parmi ces officiers feulement, fans leur donner de droit à celles qui pourroient furvenir par les vacances des places des autres fous-lieutenans.

Les capitaines ne peuvent avoir aucun droit à propofer aux places d'adjudans, & de porte-drapeaux ou porte-étendards. Ils n'en peuvent avoir non plus aucun fur le choix des fous-lieutenans de leurs compagnies. Celui de ces officiers doit appartenir au colonel, mais s'il le

Choix des places d'officiers parmi les bas officiers.

faifoit feul, il pourroit peut-être fe laiffer égarer par l'intrigue ou la faveur. Je voudrois donc que lorfqu'il vaqueroit une de ces places, tous les officiers parvenus par les grades, encore lieutenans ou fous-lieutenans, s'affemblaffent entre eux, & choififfent parmi les bas-officiers trois fujets par chaque place vacante pour les préfenter au colonel, qui propoſeroit à ſon tour à ſa majeſté celui qu'il jugeroit à propos d'agréer parmi eux.

Par ce moyen les choix pourroient être bons, ils ſeroient à l'abri de la faveur arbitraire d'un ſeul homme, & faits par ceux qui, ſortis eux-mêmes le plus récemment du corps des bas-officiers, ſeroient plus à portée de les connoître, ils donneroient l'eſperance d'être nommés aux ſujets les plus méritans.

Le quartier-maître eſt chargé de tous les détails de l'adminiſtration ; il doit être intelligent, ſûr & éprouvé. Son choix ne peut dépendre de l'ancienneté ; il doit être pris indiſtinctement parmi tous les lieutenans, ſous-lieutenans, & même parmi tous les bas officiers, ſi le mérite y déſignoit plus particulièrement un ſujet. Un conſeil d'adminiſtration doit diriger les affaires du régiment; c'eſt à lui ſeul à choiſir cet officier qui doit en être chargé.

La place de quartier-maître donne aujourd'hui le rang de lieutenant. Il ne pouvoit paſſer à la compagnie, ce grade étoit indiſpenſable à lui accorder; à préſent qu'il en aura le droit comme les autres officiers, il ne ſeroit pas poſſible qu'il eût un rang qui pourroit faire tort à ceux qui ſeroient ſes anciens. Il

Choix du
quartier-
maître.

I 4

doit donc conferver le fien, s'il en a un, ou prendre celui que fa nomination lui donneroit. Peut-être feroit-il avantageux qu'il pût garder fa place, lorfque fon tour l'appelleroit à la compagnie, en obtenant le grade & le traitement de capitaine. Il eft fâcheux de perdre dans ce pofte des fujets qui font accoutumés à le remplir; mais cela ne pourroit avoir lieu que par des arrangemens particuliers, & je ne puis le propofer ici.

Tout officier, en obtenant ce titre, s'il ne démérite pas, acquiert un droit à parvenir plus ou moins promptement, felon que fon zele & fa capacité feront de nature à le faire diftinguer. Tout officier ne peut faire connoître fon mérite, & être fufceptible d'obtenir des préférences, que par des fervices connus; tant qu'il n'eft pas dans ce cas-là, l'ancienneté feule peut lui donner des droits. Les qualités d'un fous-lieutenant & d'un lieutenant ne peuvent pas être éprouvées par un court examen de peu d'années, l'ancienneté doit donc feule les faire parvenir aux compagnies. C'eft dans le grade de capitaine que le mérite peut fe faire diftinguer, & c'eft parmi eux feuls que le choix peut avoir lieu pour les appeller aux grades supérieurs. Je voudrois donc que dans toutes les armes, les lieutenances & les compagnies se donnassent toujours à l'ancienneté. La vénalité dans les troupes à cheval y rendroit le choix des capitaines arbitraire & ridicule. Il faut qu'elle soit détruite comme nuisible aux droits de l'avancement.

Lieutenans & capitaines nommés par le droit de l'ancienneté.

Vénalité des compagnies des troupes à cheval supprimée.

L'officier superieur en grade au capitaine, est à présent le major. Si ce grade est un passage nécessaire pour arriver à celui de lieutenant-colonel, il retarde l'avancement des capitaines dont on ne sauroit trop chercher à relever l'état. S'il n'en est pas un, il ne peut en résulter que confusion dans la hiérarchie militaire. On a vu des majors ne pouvoir obtenir des lieutenances colonelles, parce qu'ils n'avoient pas l'ancienneté dans ce grade, tandis que des capitaines devenus les premiers de leurs régimens, par leur avancement à un emploi supérieur, les obtenoient en cette qualité, & se trouvoient par - là commander ceux qui étoient leurs anciens par leurs services, & qui avoient pu se faire distinguer de maniere à être placés avant eux.

La ligne de l'avancement & des grades doit être courte & droite.

Autrefois le major étoit chargé de tous les détails de l'adminiſtration & de l'inſtruction ; le lieutenant - colonel ne l'étoit que du commandement & de la diſcipline. Il falloit un ſujet qui fût propre à cette place, mais il n'étoit pas officier ſupérieur.

Un quartier - maître l'a remplacé dans la tenue de la comptabilité ; les capitaines plus inſtruits par la ſuppreſſion des aide - majors , ſont & doivent être eſſentiellement chargés de leurs compagnies. Le major & le lieutenant-colonel n'ont plus que les mêmes fonctions. Tous les deux ſont ſous les ordres du colonel, lorſqu'il eſt préſent ; ils commandent alternativement le régiment dans ſon abſence, les mêmes qualités leur ſont néceſſaires.

Suppreſ-
ſion du gra-
de de ma-
jor.

Je voudrois donc que le grade de major fût ſupprimé , & qu'il fût établi à la place un 2e lieutenant colonel. Ces deux officiers à grade égal commanderoient , ſuivant leur ancienneté de brevet, lorſqu'ils ſerviroient enſemble ; & chacun d'eux, alors attaché ſous les ordres du colonel, à la ſurveillance d'une portion du régiment, rempliroit les véritables fonctions que leur titre leur impoſe, celles de l'aider dans ſes détails. Ils commanderoient de même al-

Création
d'un ſecond
lieutenant-
colonel par
régiment.

ternativement, pendant qu'il feroit abfent , &
le régiment ne fe trouveroit pas expofé à l'être
par un capitaine , dont l'autorité n'eft jamais
auffi refpectable que celle d'un officier revêtu
d'un grade fupérieur.

Le mérite a pu s'annoncer dans les grades
inférieurs, & fe faire connoître dans celui de
capitaine) c'eft dans ceux au deffus, qu'il doit
trouver des récompenfes.

D'après les principes que j'ai expofés ci deffus, je voudrois que fur trois vacances , l'ancienneté fît paffer de droit les premiers capitaines deux fois aux lieutenances colonelles de
leur régiment (1), & qu'à la troifieme, le
choix en appartînt au roi, parmi tous les ca-

Nomina-
tions aux
lieutenan-
ces - colo-
nelles.

---

(1) On trouvera peut être qu'il y auroit de l'inconvénient à donner ces places à des capitaines du
même régiment. Autrefois les lieutenances-colonelles
fe donnoient ainfi. Ces anciens officiers maintenoient
la difcipline par la confiance; c'eft le meilleur moyen
pour y parvenir, & peut-être le feul pour rétablir dans
les jeunes gens les égards qu'ils doivent à leurs capitaines : deftinés à être commandés par eux ils s'accou-
tumeroiennt à les refpecter.

pitaines de la même arme, sans aucun égard à leur ancienneté.

La vénalité des emplois de colonels eſt aujourd'hui un obſtacle qui écarte de ces places des officiers auxquels leur fortune ne permet pas de payer des finances conſidérables; je propoſe de la ſupprimer.

Elles doivent être comme les lieutenances-colonelles, la récompenſe de l'ancienneté ou des talents. Il eſt ridicule d'y voir parvenir dans un âge peu fait pour l'expérience ; elles ne devroient jamais être données qu'à des lieutenans-colonels, ſoit par leur ancienneté, ſoit au choix, afin de donner au roi la poſſibilité d'y placer des officiers jeunes encore, mais déjà éprouvés par des ſervices particuliers.

Les colonels ſont les premiers chefs des régimens : l'armée doit être à la diſpoſition du roi ; ces places, dira-t-on, devroient être entierement à ſon choix & à ſa nomination ; cela peut être, mais il s'agit de détruire des abus anciens, de renverſer un préjugé qui fait croire à préſent qu'on n'eſt placé qu'à la tête d'un régiment ; il faut rendre aux autres grades la conſidération qu'ils ne devroient jamais avoir perdus. Le meilleur moyen pour y parvenir, eſt de les rendre un paſſage néceſſaire pour arriver aux régimens. Les donner en partie à l'ancienneté, ce n'eſt pas en ôter au roi la diſpoſition. Pourquoi penſer qu'il ne pourroit pas également accorder ſa confiance à ceux que leur rang lui déſigneroit. Plus connus, ils doivent au contraire la mériter davantage ; en fixant ſon choix parmi les lieutenars-colonels, ce n'eſt point le détruire, c'eſt l'éclairer, & empêcher les intrigues de tous les jeunes gens, qui n'ont ſouvent d'autres droits que leur aſſiduité auprès du monarque. D'ailleurs, diriger ce choix ſur une claſſe d'officiers plus en évidence, & par conſéquent plus connus, c'eſt en écarter l'arbitraire des miniſtres : ils n'oſeroient pas certainement propoſer des ſujets que l'opinion publique proſcriroit.

Je voudrois donc que ſur trois places de colonels vacantes, le choix du roi appartînt deux fois aux deux plus anciens lieutenans-colonels, & fût une fois à ſa diſpoſition parmi tous ceux du même grade, dans la même arme, ſur toute l'armée.

Beaucoup de lieutenans-colonels, dira-t-on encore, ne ſe ſoucieront guères de paſſer au commandement des régimens ; il faudroit faire un traitement confidérable au grade de colonel, ou bien il ne conviendroit pas à tout le monde. C'eft encore une fuite d'un vieux préjugé ; on peut commander un corps avec beaucoup de décence, fans y afficher le luxe & la prodigalité. Chacun y pourra vivre fuivant fes moyens ; & fi l'on parvient par-là à détruire le luxe des chefs, il n'en réfultera qu'un très-grand avantage, en l'empêchant de réjaillir fur les autres officiers, à la fortune defquels il eft auffi nuifible qu'à leur exiftence militaire. D'ailleurs, quel eft l'officier obligé à un fervice long, avec les appointemens de lieutenant-colonel, qui ne fe trouvera pas bien traité, lorfqu'il en aura de plus confidérables encore, pour un fervice beaucoup plus court tous les ans.

Corps royal de l'artillerie. Le corps royal de l'artillerie, & les régimens fuiffes ont, par les ordonnances actuelles, des formes différentes dans le choix de leurs officiers, & dans la marche de leur avancement ; le premier à caufe de fes détails ; les feconds en raifon de leurs capitulations. Les choix des officiers dans l'artillerie fe font d'après des examens ; l'avancement de prefque tous les grades a lieu par l'ancienneté : il eft intéreffant de ne changer rien d'effentiel à fes moyens, & de ne

lui faire adopter les principes des détails présentés ci-dessus, que dans le cas où ils ne leur
feroient pas contraires.

Quant aux régimens suisses, si quelques ca- Régimens
suisses.
pitulations que je ne connois pas bien laissent
les places de colonels à la disposition des cantons, rien ne paroît devoir priver les plus anciens capitaines des corps de passer aux lieutenances-colonelles, au moins dans les proportions
qui sont établies pour le reste de l'armée ; & si
les compagnies de canton ne peuvent être données qu'à des officiers de ces cantons mêmes, en
suivant à ce sujet l'ancien usage ; rien ne devroit, ce me semble, priver les lieutenans de
passer par leur ancienneté dans le corps, aux compagnies ambulantes, & à celles de grenadiers;
& comme les compagnies de canton sont un
droit, il me paroîtroit juste aussi que lorsqu'un
officier du canton de laquelle il en vaqueroit
une dans un régiment, se trouveroit pourvu
d'une des compagnies ambulantes, ou de grenadiers, il fût obligé de la quitter pour prendre
celle à laquelle les droits de son pays l'appel-
leroient, & laisser par-là à l'ancienneté ceux
qu'elle pourroit avoir sur les autres. Enfin, je
penserois que leurs officiers parvenus par les

grades quartiers-maîtres, & porte-drapeaux, qui pourroient très-bien aussi prendre le rang de sous-lieutenans, devroient jouir des mêmes droits que dans le reste de l'armée, & en conséquence passer aux lieutenances & compagnies à leur tour, lorsque les droits des cantons ne s'y opposeroient pas.

Autrefois le grade de brigadier étoit intermédiaire entre celui de colonel & celui de maréchal de camp. Il étoit inutile & sans fonctions réelles & nécessaires; il a été supprimé, rien ne motive son rétablissement.

Promotions au grade de maréchal-de-camp.

Le roi doit être maître des promotions. Le nombre des officiers généraux ne doit pas être fixé. La quantité de ceux à employer doit être seulement déterminée.

Lorsque des règles fixes & sagement combinées empêcheront les promotions d'être aussi cheres par les graces pécuniaires qu'elles occasionnent, lorsqu'elles établiront que les traitemens à accorder en obtenant le grade ne pourront être envisagés que comme des retraites, & qu'elles auront été fixées à la somme qui seroit due en raison de l'ancienneté des services; enfin lorsque pour l'avantage de ceux qui ne pourroient pas prendre sans traitement un grade

grade qui les priveroit d'appointemens peut-être néceffaires à leur fubfiftance; avant le moment où leur ancienneté leur donneroit droit à une retraite, il leur aura été donné la facilité d'accepter ou de refufer le grade fans perdre leurs droits pour une autre promotion reculée à une époque qui pourroit les mettre dans le cas d'obtenir davantage : alors ces promotions, quelque fréquentes qu'elles foient, n'auront plus aucun inconvénient.

Leur nombre ne coûtera rien à l'état, & le titre feul d'officier général fans penfions, fans graces, fans prétentions même à être employé, pourra paroître fans doute une récompenfe flatteufe à bien des officiers affez fortunés pour fe paffer de traitement, & qui ferviroient uniquement pour y parvenir.

Si on vouloit faire dépendre les promotions des vacances qui arriveroient, l'engorgement qu'une pareille loi produroit, avec le nombre des officiers de ce grade qui exiftent à préfent, feroit perdre toute efpérance d'y parvenir, & dégouteroit du fervice une infinité d'officiers qui fe trouveroient par là déchus des prétentions qu'ils pourroient avoir, & de tout efpoir pour l'avenir.

K

Aujourd'hui le grade de maréchal de camp
eſt pour ainſi dire tarifé à un nombre déterminé
d'années de ſervice, tant pour les colonels que
pour les lieutenans colonels. Sans examiner ici
s'il eſt juſte de prononcer une obligation plus
forte pour un grade que pour un autre, je me
bornerai à dire combien il eſt fâcheux pour les
corps, & pour les chefs, de connoître préciſé-
ment le moment de leur ſéparation. L'intérêt
n'eſt plus le même pour celui qui ſe voit au
moment d'abandonner des détails, que ſouvent
ſon inſouciance lui fait négliger alors, & la confiance ne peut plus être la même de la part d'un
régiment vis-à-vis de celui ſous les ordres duquel
il va ceſſer d'être. C'eſt un moyen de donner
cette grace excluſivement à l'ancienneté. D'après

le nouvel ordre de choſes popoſé, il eſt important qu'elle n'y conduiſe pas uniquement des
officiers qui ſeroient peut-être trop agés en y
parvenant ainſi, pour commander avec activité;
& d'après le principe établi ci-deſſus que le choix
du roi doit devenir plus libre en raiſon de l'importance des fonctions, il me paroîtroit que ſi
l'ancienneté a des droits aux deux tiers des places ſupérieures, & des emplois de maréchaux de

camp, elle doit les voir réduits à moitié pour le grade de lieutenant-général.

En s'écartant des règles de l'ancienneté dans les promotions, je fens bien que c'eft admettre un arbitraire de faveur qu'on devroit chercher à profcrire ; je fais bien que c'eft un reproche fait avec juftice aux ordonnances actuelles, relativement au grade de lieutenant-général. Il étoit fondé dans un moment où les officiers, arrivant auffi jeunes à la tête des corps, fe trouvoient tous, à peu-près, dans un âge également fufceptible de l'activité du commandement ; mais aujourd'hui que l'on ne pourra devenir officier général qu'après être parvenu par l'ancienneté au rang de capitaine & avoir paffé fucceffivement par tous les grades au-deffus, elle auroit trop d'inconvéniens, & entre deux maux il m'a paru préférable de choifir celui qui, n'ayant pour réfultat que de laiffer au roi quelques facilités de faveur, ne nuiroit pas autant au bien du fervice.

Les lieutenans-colonels actuels, avoient des droit aux promotions. Ils n'en auront plus déformais, puifque le grade de colonel doit devenir un paffage néceffaire pour arriver à celui de maréchal de camp, mais comme il pourroit

Droits des lieutenans-colonels actuels confervés dans les promotions à faire.

être long encore à acquérir pour eux, il seroit à propos qu'ils conservassent l'espérance de devenir officiers généraux. Sa majesté voudra bien sans doute les traiter avec bonté dans les promotions qu'il lui plaira de faire; en ayant égard à leur ancienneté comparée avec celle des colonels; mais dans ce cas; il me paroitroit juste en même temps qu'ils fussent assujettis aux conditions des promotions relatives aux traitemens, telles que je les ai proposées ci-dessus.

D'après toutes ces observations, je pense 1°. que les promotions devroient dépendre absolument dé la volonté du roi. 2°. Que le nombre seul des officiers-généraux à employer devroit être déterminé. 3°. Que tout officier promu au grade de maréchal-de camp, qui obtiendroit une pension ou traitement autre que celui qu'il pourroit avoir en étant employé, devroit être censé avoir obtenu sa retraite, & en conséquence n'être plus admis à concourir à aucun emploi ou avancement militaire. 4°. Que les traitemens qui pourroient être accordés aux officiers, faits maréchaux-de camp, devroient être fixés à la somme qui leur auroit été due pour leur retraite, en raison de leur grade & services précédens. 5°. Que tous les officiers faits maréchaux-de-camp, excepté néanmoins les colonels des régimens fuiffes, devroient quitter leur emploi, mais qu'il devroit en même-tems leur être permis de le conferver, s'ils vouloient renoncer au grade en raifon d'arrangemens particuliers & perfonnels. 6°. Qu'en renonçant néanmoins à ce grade ils devroient pouvoir conferver leurs droits dans leur entier, pour les exercer à une autre promotion s'il leur convenoit alors de l'accepter. 7°. Que dans les promotions de maréchaux-de-camp, les deux tiers des places devroiens appartenir à l'ancienneté de colonel, & l'autre moitié être à la difpofition du roi parmi eux. 8°. Que les colonels feuls devant avoir des droits déformais aux promotions, il ne feroit pas jufte de faire perdre aux lieutenans-colonels actuellement exiftans, ceux qu'ils y avoient acquis, & qu'en conféquence fa majefté devroit être fuppliée d'avoir égard à leur ancienneté, comparativement avec celle des colonels. 9°. Enfin, que dans les promotions de lieutenans-généraux, la moitié des places feulement devroit en appartenir à l'ancienneté, l'autre moitié reftant en totalité au choix libre & abfolu du roi.

La moitié des places de lieutenant-général

appartenantes à l'ancienneté, deviendroit illufoire,
fans doute fi ces places n'étoient accordées
qu'à ceux qui auroient été employés dans le grade
de maréchal de-camp ; tous fans doute auroient
eu la même volonté, & le défaut feul de places
en activité auroit pû fuffire pour les empêcher de
fervir. Il feroit injufte d'en faire un titre pour les
en exclure ; mais dans la moitié laiffée au choix
abfolu du roi, il n'en eft pas de même. C'eft
à fa fageffe à lui faire préférer ceux qu'il croira le
plus en état de fervir utilement la patrie, & ce
feroit pareillement rendre illufoires les droits
de fon choix que de vouloir prefcrire aucunes
règles à ce fujet.

Promo-
tions au
grade de
maréchal
de France.

Le grade de maréchal-de-France, eft le com-
ble des honneurs militaires. Il a perdu beaucoup
de fes droits. Juges nés du point d'honneur,
compofans fon tribunal, ils devroient fans doute
être juges définitifs de tous les délits militaires ;
tous les jugemens des confeils de guerre devroient
leur être foumis ; ils devroient encore avoir plus
d'influence dans la rédaction & dans la confervation des loix qui doivent régir l'armée. Ce
feroit un moyen pour donner aux jugemens une
plus grande authenticité, pour empêcher quel-
quesfois des injuftices. Ce feroit un frein aux

volontés changeantes & éphémères des ministres qui gouvernent, & qui preſcrivent des loix
par le ſeul effet de leur fantaiſie, enfin ce ſeroit un moyen aſſuré pour les rendre moins
verſatiles), moins arbitraires, & pour donner à
la conſtitution intérieure de l'armée une conſiſ-
tance qu'elle n'aura jamais, tant qu'elle dépendra
des caprices d'un ſeul homme. Quel tribunal
pourroit avoir à ce ſujet plus de prépondérance,
que celui qui ſeroit ainſi compoſé de ceux que
leur âge, leur mérite, leur expérience, & leurs
grades appellent au commandement des armées !

Je n'examinerai point s'il eſt utile ou non
de laiſſer ſubſiſter le tribunal comme juge des
délits d'honneur entre les militaires, s'il convient de leur laiſſer une juriſdiction, ou de la
ſupprimer. Cette queſtion intéreſſe l'ordre judi-
ciaire ; elle ne tient point aux détails que j'ai en-
trepris de traiter. Je me bornerai donc à propoſer
militairement de le conſerver comme tribunal
militaire chargé de la reviſion de tous les jugemens des conſeils de guerre, de l'examen des
nouvelles ordonnances à promulguer, & de la
conſervation des principes de toutes celles
adoptées.

Le nombre des maréchaux de France eſt au-

Fonctions
militaires a
attribuer
aux maré-
chaux de
France.

Maréchaux
de France
fixés à la

K 4

jourd'hui fixé à douze. Plus ce grade feroit mul-
tiplié, moins il auroit d'éclat : je penfe donc
qu'il n'y auroit aucune raifon pour l'augmenter ;
plus que fuffifant pour commander les armées,
il l'eft affez pour cumpofer un tribunal.

Nomina-
tions des
maréchaux
de France.

C'eft au roi à les choifir parmi les lieutenans-
généraux fans égard à l'ancienneté : elle ne peut
avoir des droits pour les fonctions les plus intéreffantes du militaire.

Inconvé-
niens d'un
fcrutin pro-
pofé pour
l'avance-
ment aux
grades.

Quelques mémoires particuliers adreffés au
comité militaire , avoient demandé que les
fcrutins déterminaffent l'avancement militaire
de tous les grades, afin qu'ils ne fuffent tous
commandés que par ceux qu'ils auroient nommés eux-mêmes. Si ce moyen étoit adopté ,
pourroit - on fe flatter de voir élire les plus
fermes & les plus méritans ? Il n'eft pas dans
le cœur de l'homme de choifir ceux qui ne
le flattent pas ; les meilleurs camarades, pour
me fervir de cette expreffion militaire, les plus
féduifans, auroient la préférence. Avec de pareilles élections , que deviendroient la difcipline & la fubordination ? Comment la maintenir vis-à-vis de ceux auxquels on doit fon
exiftence, ou de la faveur defquels on peut encore avoir à faire.

· Le choix des emplois supérieurs remis au roi par les ordonnances de 1763, a élevé l'ambition sur les débris de l'émulation; un pareil moyen ne substitueroit à l'une & à l'autre que l'intrigue & que la corruption. Les régimens seroient bientôt des foyers de discordes, de cabales & de guerres déclarées par la rivalité... Il est inutile d'en dire davantage, pour expliquer les raisons qui m'ont décidé à n'en point faire usage.

Si l'ancienneté doit donner des droits, il ne seroit pas juste qu'elle pût, par son seul effet, faire parvenir aux grades des sujets qui n'y conviendroient pas; mais il seroit aussi contre tous les principes que l'arbitraire seul pût prononcer son exclusion. Les moyens de persuasion doivent d'abord être employés vis-à-vis de ceux qui se trouveroient dans ce cas: s'ils ne réussissoient pas pour les y faire renoncer amiablement, c'est alors que les formes légales doivent être employées. Je voudrois donc qu'aucun officier, dans aucun grade, ne pût être privé des droits de son ancienneté, & ne pouvoir être exclu des places auxquelles elle l'appelleroit, qu'en y renonçant de sa volonté manifestée par écrit; qu'en en étant dédommagé par une place équivalente qu'il auroit accepté librement, ou qu'après que sa conduite ou son incapacité auroient été jugées par un conseil de guerre, assemblé & composé suivant les formes qui seront déterminées.

CHAPITRE VI.

Etablissement des droits de l'ancienneté. — Rappel des anciens services.

Dans un moment où l'ancienneté va recouvrer une partie de ses droits qu'elle avoit perdus depuis longtems pour les emplois supérieurs, il doit paroître bien intéressant sans doute de constater d'une maniere précise celle de tous les individus, auxquels elle va dévenir profitable; celle des capitaines & des autres grades inférieurs est assurée & reconnue dans leurs régimens, elle est prouvée par la date même de leurs brevets ou de leurs titres. Il n'en est pas de même de celle des grades supérieurs.

La multiplication des brevets accordés à la suite sans service, & les ordonnances rendues

rétablies & annullées succeſſivement, pour permettre le rappel des anciens ſervices, y ont
apporté la plus grande confuſion. Les unes autori-
ſoient les colonels parvenus à ce grade, à compter
les années de lieutenans-colonels qu'ils pouvoient
avoir auparavant, à rappeller leurs années de
majors, & enfin à compter deux années de com-
miſſion de capitaine au-delà de dix, pour une
année de colonel; d'autres aboliſſoient ces facilités. Les uns en ont profité, d'autres s'en
ſont trouvés privés, ſuivant que la volonté du
miniſtre les favoriſoit plus ou moins. Si ces
ordonnances tendantes à donner des droits aux
anciens ſervices, & à dédommager par leur
rappel, ceux qui avoient obtenu les grades
dans un âge plus avancé, étoient juſtes dans
la forme, celle qui ne faiſoit profiter les années de ſervice de capitaine qu'au-delà de dix
ans, ne l'étoit pas dans le fond.

La vénalité des compagnies dans les troupes
à cheval, y faiſoit parvenir beaucoup plutôt
que dans l'infanterie. Trois ans de ſervice ſuf-
fiſoient pour devenir capitaine dans cette premiere arme, tandis que dix n'y faiſoient pas
ſouvent parvenir dans la ſeconde, où l'on n'ar-
rivoit que par ancienneté. Cette ordonnance

a été annullée tout récemment, elle ne fub-
fifte plus ; mais plufieurs en ont profité au
moment même de fa fuppreffion : il feroit injufte que d'autres qui y avoient le même droit,
ne tiraffent pas parti de fes avantages. La
réintégrer dans fon entier, feroit encore une
injuftice à caufe des difproportions de faveur,
qu'elle établiffoit entre deux armes faites pour
avoir le même droit ; & s'il eft jufte aujourd'hui
de faire revivre fes difpofitions favorables à
l'ancienneté, ce ne peut être que fous une autre
forme.

Au bout de 13 ans de fervice, un capitaine
dans les troupes à cheval pouvoit commencer
à avoir des années à rappeller. Un capitaine
d'infanterie ne le pouvoit guere avant 20 ans.
Il faudroit que ce dernier pût être auffi bien
traité que le premier. Ce ne font point des
années de commiffion, fouvent dues à la faveur, qui peuvent donner des droits réels ; ce
Rappel de deux ans de fervice pour une de Colonel au-delà de 15 ans. n'eft que l'ancienneté : le rappel devroit donc
porter uniquement fur les fervices ; l'intermé-
diaire entre ces deux époques de graces pourroit être fixé à 15 ans, & je voudrois que
toutes les années de fervice, au-delà de ce
terme, comptaffent deux pour une de colonel,

pour fixer les droits de tous ceux qui font aujourd'hui revêtus de ce grade.

En fupprimant celui de major , il doit paroître indifpenfable fans doute de leur affigner un rang. Ces officiers avoient les mêmes fonctions que les lieutenans-colonels , ils étoient comme eux officiers fupérieurs ; le hafard, pour ainfi dire du choix des miniftres, les avoit placés indiftinctement dans l'un ou dans l'autre de ces deux grades : ils font deftinés déformais à en avoir un égal. C'eft donc parmi eux que la juftice exige qu'ils prennent rang de la date de leurs brevets refpectifs, ainfi que les majors en fecond qui avoient le même grade.

> Majors fupprimés prendront rang parmi les Lieutenans-Colonels , fuivant la date de leurs brevets refpectifs. Ainfi que les Majors en fecond.

En rappellant les années d'anciens fervices aux colonels, ainfi que je l'ai propofé ci-deffus, il me paroîtroit raifonnable & même jufte de faire jouir de la même faveur les lieutenans-colonels ; mais leur grade ne pouvoit s'acquérir, d'après les ordonnances, qu'à 20 ans de fervice. Je penfe donc que le droit de rappel à leur accorder ne peut avoir lieu de la même maniere qu'à dater de cette époque.

> Rappel de deux ans de fervice pour une de Lieutenans Colonel ou de major au-delà de 20 ans.

Si des fervices longs & non interrompus peuvent donner des droits, leur importance plus grande en doit donner pareillement. La guerre

> Années de guerre dans un grade fupérieur comptées doubles pour en fixer l'ancienneté.

doit apporter une différence dans l'avancement du grade seulement où elle a eu lieu. Il me paroîtroit donc juste que toutes les années de guerre faites dans ce même grade, comptassent doubles pour fixer dans ce moment ci, le rang de l'ancienneté de chacuns de ces officiers supérieurs.

Enfin après avoir ainsi établi les principes d'après lesquels je croirois juste de la fixer, je voudrois que le ministre ordonnât une vérification des services de tous ces officiers, qu'il en fit dresser en conséquence un tableau, & qu'il les y fît classer dans chaque grade d'après la date de leur brevet, reportée à l'époque à laquelle elle devroit être reculée par tous les rappels autorisés ci-dessus. En ordonnant la publicité de ce tableau, que l'on pourroit à cet effet faire insérer tous les ans dans l'almanach militaire, chacun pourroit connoître sa position, ses droits, & ne plus craindre d'y voir porter atteinte par la négligence ou l'infidélité d'un commis des bureaux. Les ministres autrefois auroient pu craindre cette publicité; mais indispensable pour assurer l'exécution des ordonnances, elle doit servir aujourd'hui de premier témoin à leur justice.

Publicité des rangs d'ancienneté des Colonels & Lieutenans Colonels.

CHAPITRE VII.

*Du remplacement des officiers réformés par la
nouvelle organisation.*

IL existe aujourd'hui des officiers réformés de
différens corps supprimés précédemment; il
existe des capitaines de ce nom à la suite de chaque régiment des troupes à cheval; des sous-
lieutenans de remplacement ci-devant attachés
à l'infanterie, attendent encore comme eux le
moment d'avoir des places qui sont promises
aux uns & aux autres par les ordonnances. La
nouvelle organisation en réformera encore plusieurs de tous les grades; il est indispensable de
s'occuper des moyens de les remplacer. Ceux-
là seuls qui en avoient la certitude, soit en
raison d'une réforme dans un emploi des troupes
de ligne, soit à cause d'une activité promise ou
achetée, peuvent y prétendre.

Pour établir leurs droits, il faudroit commencer par en dresser des tableaux par grade
suivant leur rang, & les répartir ensuite à peu-
près également entre tous les régimens de leurs

Répartition
égale de tous
réformés, en-
tre les régi-
mens de la
même arme

armes pour y prendre des emplois à fur & à mefure des vacances, concurremment avec ceux que leur ancienneté y appelleroit pareillement. Les officiers réformés, ne font & ne feront pas en nombre égal dans tous les régimens, leur efpérance de remplacement ne pourroit pas être la même, ils doivent tous être traités auffi favorablement; cette répartition eft, je penfe, le meilleur moyen pour y parvenir, & pour ne pas commetre d'injuftice envers certains corps qui fouffriroient trop, d'un trop grand nombre de réformés qui leur feroient attachés.

Remplacement des fous-Lieutenans, cadets gentils hommes réformés.

D'après ces principes, aucun nouveau fujet ne devroit être admis dans aucun régiment, (excepté les bas-officiers parvenans aux emplois qui leur font réfervés) tant qu'il exiftera des officiers à remplacer dans les grades de fous-lieutenans : ces places leur appartiennent comme réformés, & il feroit injufte de les en priver pour des jeunes gens qui n'auroient pas le même titre qu'eux.

Remplacement des Lieutenans & Capitaines réformés.

Les lieutenans réformés pafferoient aux lieutenances concurremment avec les premiers fous-lieutenans, & les capitaines rouleroient de la même manière avec les premiers lieutenans des régimens pour paffer aux compagnies.

Les

Les majors en second, cenſés lieutenans-colonels réformés, devroient rouler avec les premiers capitaines pour parvenir aux lieutenances
colonelles par le tour de l'ancienneté, en laiſſant
au roi celui du choix qui lui appartient.

*Rempla-
cement des
Majors en
ſecond &
Lieutenans-
Colonels.*

Les colonels réformés ſuivant leur rang dans
l'armée, devroient concourir de même avec les
lieutenans-colonels pour obtenir les régimens.

*Rempla-
cement des
Colonels.*

Tels ſont les principes de juſtice qu'il m'a
paru intéreſſant de conſacrer. Les réformés con-
ſerveroient des droits ſans les faire perdre à
l'ancienneté, & le roi n'abandonnant pas les
ſiens pour la nomination des emplois à ſon choix,
pourroit toujours également nommer ceux des
réformés qu'il croiroit les plus méritans, ou les
autres officiers de l'armée qui en ſeroient ſuſceptibles.

Les réformés des troupes provinciales, ceux
qui n'avoient que des brevets à la ſuite ſans
aſſurance de remplacement, ne peuvent y prétendre dans aucun corps par les droits de l'ancienneté ; mais le choix du roi pourroit tomber
ſur eux dans la diſtribution des emplois de leur
grade qui ſeroient à ſa nomination particulière.
Il eſt juſte & même indiſpenſable qu'ils en reſ-
tent ſuſceptibles.

L

CHAPITRE VIII.

Des graces, récompenses, & distinctions militaires.

Dans un état que l'honneur seul décide à embrasser, les récompenses les plus flatteuses ne font pas celles qui ne font que pécuniaires. Si la nécessité impérieuse de l'économie doit réduire considérablement ces dernières, & ne les plus faire envisager que comme des moyens de retraite pour ceux qui ont consacré leur existence au service de la patrie, il doit en exister d'autres de distinctions qui, tenant au préjugé de l'honneur, deviennent plus flatteuses pour des cœurs françois.

Les marques de la vétérance pour les soldats, & la croix de saint-louis pour les officiers font de ce nombre; mais il peut encore exister d'autres récompenses prises dans la constitution même. Si tout militaire en se dévouant au service de la patrie, ne doit pas perdre les droits qu'il avoit comme citoyen, s'il doit les conserver dans toute leur plénitude, il doit paroître juste en même tems qu'il acquerre par fes fervices ceux que fa pofition civile auroit pu lui refufer.

La plaque de vétérance eft la marque de l'ancienneté des fervices des bas officiers & foldats, & fi la croix de faint-louis doit être la récompenfe de ceux des officiers, pourquoi ces derniers ne porteroient-ils pas en même temps la même diftinction que leurs autres compagnons d'armes? Tout officier eft foldat, c'eft fon plus beau titre, c'eft le premier qu'il doit avoir, c'eft par ce fervice qu'il doit commencer, & qu'il débute toujours réellement, avant de faire ufage du brevet qui lui donne le droit de commander. Ce feroit un moyen de reconnoître en faveur des officiers les fervices qu'ils auroient pu faire comme foldats, ou comme volontaires. Les foldats feroient flattés de voir leurs officiers porter la même décoration qu'eux, ils n'auroient plus à rougir de la voir fouvent abandonner par ceux des leurs mêmes, qui en obtienent le grade, & cet heureux accord entre ces deux marques de l'ancienneté, ne pourroit qu'honorer l'une fans dégrader l'autre.

La plaque de vétérance s'accorde aujourd'hui à 24 ans; la croix de faint-louis fe donne à 28 aux officiers particuliers, à 22 ans aux majors, à 20 ans aux lieutenans-colonels , & à 18 ans aux colonels.

Pourquoi ces différences entre des récompenses qui sont de même nature , pourquoi ces priviléges accordés à certains grades ? ils sont humilians pour les inférieurs, sans être bien flatteurs pour les autres. Ces distinctions annoncent l'ancienneté , elle doit donner les mêmes droits à tous. Je voudrois que l'une & l'autre fussent accordées à 20 ans de services , & que ce tems suffît pour mettre tout militaire en possession de tout les droits de citoyens que ses services pourroient lui faire acquérir. Par la durée ordinaire des engagemens fixée à 8 ans , & qu'il pourra paroître peut-être à propos de ne pas réduire, le soldat auroit encore 4 ans à servir avant d'avoir achevé son troisième engagement. Peut-être les prérogatives qu'il seroit possible de lui accorder alors dans son corps , pourroient-elles le décider à servir plus long tems ; il est donc à propos qu'il ne reçoive pas cette distinction à une époque précise à laquelle il pourroit abandonner ses services.

Quand la croix de saint-louis se donne à 18 ans , & que les premieres retraites s'accordent à 30, l'intervalle de deux ans seulement en-

tre ces deux graces eſt trop court pour que beaucoup d'officiers qui n'attendoient que la croix de
ſaint-louis ne ſe décident pas à reſter pour obtenir la
retraite ; quand au contraire il y aura 10 ans
d'intervalle ils s'en iront, & débarraſſeront l'état
d'une penſion à leur accorder, ſans lu i faire perdre des ſervices bien intéreſſans. L'expérience
nous démontre que tout officier qui n'attend
que la croix de ſaint-louis , ou que le moment
de ſa retraite, ſert rarement avec l'activité déſi-
rable. D'après ces obſervations,

1°. Tout militaire , malgré les abſences né-
ceſſitées par ſon ſervice , devroit conſerver dans
ſon canton tous les droits de citoyen qu'il pourroit avoir , & en conſéquence quoique non domicilié de fait , reſter ſuſceptible d'élire & d'être
élu s'il a d'ailleurs les qualités exigées.

Conſervation des droits de citoyens actifs en faveur des militaires.

2°. Après 20 ans de ſervice dans l'armée ,
c'eſt-à-dire , après l'obtenſion de la plaque de
vétérance qui en ſera la marque , tout militaire
françois , ou devenu françois , devroit jouir dans
ſon canton , ſoit qu'il y ſoit domicilié de fait ,
ſoit que ſes ſervices continués l'obligent à s'en
abſenter, de la plénitude des droits du citoyen
actif, quand même il ne ſeroit ſujet à aucune
des contributions requiſes pour être éligible.

Obtention de ces droits après 20 ans de ſervice.

Réinté-
gration
dans ſes
droits per-
dus pour
des cauſes
non perſon-
nelles,
après 20 ans
de ſervice.

3°. Après la même époque, tout militaire par le fait de ſes ſervices devroit être relevé de toutes les exceptions, qui auroient pu l'empêcher d'être admis comme citoyen actif, pour des cauſes qui ne lui ſeroient pas perſonnelles.

Plaque de
vétérance
portée in-
diſtincte-
ment & con
curram-
ment avec
tous autres
ordres, par
tous les of-
ficiers, bas-
officiers &
ſoldats,
ayant où ac-
quérans à
l'avenir 20
ans de ſer-
vice.

4°. La plaque de vétérance devroit être la marque de l'ancienneté de tous les ſervices quelconques , & en conſéquence être priſe dès à préſent , accordée & portée à l'avenir concurremment avec les autres ordres , par tous les officiers de quelques grades qu'ils ſoient , ainſi que par tous les bas officiers ou ſoldats ayant 20 années de ſervice militaire , ou qui les acquerroient par la ſuite , ſoit comme ſoldats, ſoit comme officiers.

Campa-
gnes de
guerre
comptées
doubles.

5°. Toutes les campagnes de guerre ou cenſées telles , dans quelque grade qu'elles aient eu lieu , devroient compter doubles pour obtenir cette diſtinction & les droits de citoyens qui y ſont attachés.

Croix de
St Louis à 20
ans pour
tous les gra-
des.

6°. La croix de ſaint-louis devroit être accordée à 20 ans de ſervice comme officier , indiſtinctement à tous les grades.

Années de
guerre
comme of-
ficiers
comptées
doubles.

7°. Les années de guerre , comme officiers devroient compter doubles pour obtenir la croix de ſaint-louis , & celles comme ſoldats ou volontaires devroient être rappellées pour une an- Rappel des années de foldat ou de volontaires. née en tems de guerre , & deux pour une en tems de paix , en faveur de ceux qui auroient servi en ces qualités avant de devenir offi- ciers (1).

Les foldats engagés dans l'armée auxiliaire n'ayant point de fervice à faire pendant la paix , ne devroient point acquérir précifément les mêmes droits, mais comme cependant ils pour- roient fervir s'ils étoient néceffaires, la volonté qu'ils en auroient, s'ils étoient appellés, mérite quelques égards, & ils devroient participer aux mêmes efpérances & aux mêmes graces, finon d'une manière auffi prompte, au moins à des époques plus reculées, je penfe donc,

1°. Que les foldats de l'armée auxiliaire de- Vétérance accordée aux foldats de l'armée auxiliaire à 30 ans de fervice. vroient acquérir par trente ans de fervice non interrompus dans cette armée la plaque de vé- térance & les droits qui y font attachés.

---

(1) J'ai propofé ci-deffus d'autorifer les chefs de corps à admettre des volontaires jufqu'à la concurrence d'un par compagnie. Ils pourroient peut-être attendre long.tems des emplois ; il eft jufte que leurs fervices en cette qualité ne foient pas perdus pour eux , lorfqu'ils de- viendront officiers.

L 4

Rappel de leurs services soit pendant leurs rassemblemens en tems de paix, soit pendant la guerre, pour la vétérance.

2°. Que si par ce moyen leur service ne compte que sur le pied de 18 mois pour un an, tant qu'ils restent chez eux, il devroit compter année pour année lorsqu'ils seront rassemblés en tems de paix, & deux pour une de guerre, soit qu'ils la fassent en corps ou par incorporations.

Rappel de leurs services de soldats, pour la croix de S. Louis s'ils deviennent officiers.

3°. Enfin, que dans le cas où ils parviendroient officiers dans des régimens de l'armée dans lesquels ils auroient été incorporés, ils devroient jouir du même droit de rappel de leurs anciens services, en comptant ceux dans l'armée auxiliaire, dans les proportions établies ci-dessus.

CHAPITRE IX.

Des retraites,

L ES retraites des soldats sont aujourd'hui des places dans des compagnies d'invalides détachées, des pensions accordées chez eux, sous le nom de solde ou récompenses militaires, ou l'admission à l'hôtel royal des invalides. Aucun tems n'est déterminé d'une manière précise pour les rendre susceptibles de ces graces, celles des officiers font des emplois d'états-majors des places, fuivant leur grade, ou des penfions fuivant leur ancienneté, 30 ans eft la première époque à laquelle un officier en foit fufceptible.

Les compagnies détachées d'invalides toujours placées dans les plus mauvais endroits de la France, & faifant, en raifon de leur foibleffe, un fervice fouvent plus fatiguant que celui des régimens les plus actifs, ne peuvent être regardées comme des places de repos, qu'à caufe de leur permanence dans les endroits où elles font établies. Les foldats y font plus mal payés, & moins bien foignés que dans les corps qu'ils quittent : elles ne font donc point de véritables récompenfes. Si les forts ou châteaux qu'elles font cenfées garder ont befoin de l'être, des détachemens de l'armée pourroient faire ce fervice ; je penfe donc qu'il faudroit les réformer.

Les foldes données fous le nom de récompenfes militaires dans les provinces, ne fuffifent pas à la fubfiftance de ceux qui les obtiennent, & font très-difpendieufes ; je crois qu'il faudroit prendre d'autres arrangemens à ce fujet.

L'hôtel des Invalides peut feul être confidéré comme une récompenfe, & il en feroit une effectivement, fi le luxe, qui gagne toujours les grands établiffemens, en même tems que la fucceffion des tems diminue leurs moyens, ne forçoit pas fouvent fon adminiftration par le défaut de fonds à renvoyer par congés avec une portion de folde feulement, ou à placer dans des détachemens, des hommes qui y étoient arrivées avec l'efpérance d'y finir leurs jours avec tranquillité.

Projet de compagnies de véterans pour remplacer les compagnies détachées. folde & demi folde.

Je penfe qu'en fupprimant les compagnies détachées, & les foldes dans les provinces, on pourroit leur fubftituer des compagnies de vétérans attachées à la fuite de chaque bonne ville de garnifon. Ceux qui y feroient admis, y recevroient pour ne faire aucun fervice, le même traitement en pain, en folde, & en maladie que dans l'infanterie, & des maffes pour leur entretien, proportionnées à leur dépenfe. Leur adminiftration pourroit en être montée comme dans les autres troupes, & ces vétérans ayant toutes les facilités pour aller chez eux en auffi grand nombre qu'ils le défireroient, lorfqu'ils auroient un domicile, pouroient y emporter la partie affectée à leur folde, & réunir par-là la certitude d'avoir une retraite affurée dans une ville, où entourés de militaires, ils ne feroient pas forcés de renoncer tout d'un coup à leurs anciennes habitudes, avec la douceur de vivre dans leur famille quand ils le voudroient ; ce seroit là vraiment une retraite convenable. Ces compagnies pourroient être plus ou moins nombreuses, suivant que les fonds à y affecter pourroient le permettre. Il doit paroître préférable de ne pas chercher à récompenser tant de monde, & de traiter mieux ceux qui le méritent. Enfin l'hôtel des invalides conservé & rappellé à son ancienne institution, deviendroit un asyle assuré pour tous ceux que leurs infirmités mettroient hors d'état de se soigner eux-mêmes.

Hôtel des invalides pour les hommes hors d'état de se soigner eux-mêmes.

Un pareil projet ne peut pas s'exécuter aussitôt : je me borne seulement à en présenter l'idée, ses développemens demanderoient un mémoire particulier.

Les services des militaires doivent être payés par l'honneur, c'est le prix le plus flatteur qu'ils en puissent attendre, & l'état ne doit réellement des secours qu'à ceux, qui lui ayant été utiles tant que leurs forces auroient pu le leur permettre, se trouveront sur la fin de leur carriere dans le cas d'en avoir réellement besoin, pour réparer les sacrifices qu'ils auroient pu lui faire, ou assurer leur subsistance.

D'après ce principe, les trente premieres années peuvent être regardées comme l'acquittement d'une dette, & comme suffisamment récompensées par les distinctions déjà obtenues à l'expiration des vingt premieres.

A trente ans l'état commence à devoir un secours, mais uniquement à ceux que leurs infirmités, qu'on doit toujours regarder comme suite des fatigues des services, mettent dans le cas de ne plus les continuer : à trente-cinq ans il doit une récompense : à quarante il doit assurer la subsistance entiere de ceux qui l'ont servi.

D'après ces observations,

1°. Aucun officier, bas-officier ni soldat ne devroit être dans le cas de recevoir une retraite de quelque nature qu'elle soit, avant trente ans de service accomplis. S'il a besoin de secours plutôt, c'est à l'ordre civil à les lui fournir, & non au militaire qui ne lui doit rien encore.

Aucune retraite avant 30 ans.

2°. A trente ans, les bas-officiers & soldats devroient pouvoir obtenir les places dans les compagnies détachées, les soldes & les récompenses militaires, ou l'admission dans les compagnies de vétérans qui en tiendroient lieu, &

Retraite à 30 ans, en justifiant une impossibilité de servir.

Le tiers des appointemens

les officiers être admis pour commander ces compagnies, obtenir des emplois d'états-majors suivant leur grade, ou emporter chez eux le tiers de leurs appointemens, en justifiant les uns & les autres de leur impossibilité de continuer leurs services ;

3°. A trente-cinq ans, tout officier restant toujours susceptible des emplois d'état-major des places, devroit obtenir de droit la moitié de ses appointemens sans être obligé de justifier de son impossibilité de servir ;

4°. A quarante ans tout soldat ou bas-officier, devroit de droit obtenir sa retraite, & tout officier à ce tems de service, devroit aussi de droit obtenir chez lui la totalité des appointemens de son grade ; quels que soient encore leurs forces physiques à cette époque ;

5°. Tout soldat & bas-officier admis dans les compagnies détachées, ayant obtenu la solde, ou ayant été reçu dans les compagnies de vétérans, devroit être admis de droit à l'hôtel des invalides, pour y rester lorsque des infirmités le mettroient hors d'état de se soigner lui-même.

CHAPITRE X.

Du service militaire , & des changemens de garnisons.

Je n'entreprendrai point ici de préfenter mes réflexions fur les différentes efpeces de fervice que les militaires pourroient avoir à faire fuivant leurs grades dans les villes de garnifons, dans leurs raffemblemens, ou à la guerre, en raifon des différentes circonftances dans lefquelles ils pourroient fe trouver. Ces détails feroient trop confidérables : je me bornerai feulement à témoigner mon defir de voir diminuer le nombre des minuties auxquelles il eft affujéti par des infpections, des appels, des rapports, des parades, des gardes, des rondes, des vifites, des courfes beaucoup trop multipliées. Les troupes en tems de paix doivent s'accoutumer à ce qu'elle devroient faire à la guerre ; elle doivent fe garder de la même maniere, être auffi alertes à fe former ; enfin elles doivent être occupées. Je le fais, mais il eft des bornes raifonnables : une ordonnance du fervice bien rédigée, faura

fans-doute les pofer ; mon but unique dans ce
chapitre, eft de parler des changemens de garnifon, des raffemblemens pour l'inftruction, &
de la durée du fervice annuel de chaque grade,
afin de fixer les facilités de congés qu'on pourroit leur accorder.

Les changemens de garnifon fréquents, les
routes trop longues, défefperent & ruinent les
régimens, en même-tems qu'elles écrafent l'état
par des frais fouvent inutiles. L'ancien fyftême
d'adminiftration des étapes, par fa complication
qui chargeoit le miniftre de la guerre d'ordonner
les mouvemens, tandis que celui de la finance
acquittoit les dépenfes, ne contribuoit pas peu
à ce défordre. Le nouvel ordre de chofes inté-
reffera fans doute le miniftre de la guerre à n'ordonner que les marches indifpenfables : ainfi l'on
ne doit pas craindre de voir continuer ces abus ;
maisles garnifons feront-elle permanentes ? C'eft
une queftion qui a fouvent occupé jufqu'ici. Les
befoins du fervice qui forcent fouvent à des marches qu'on ne prévoit pas, la différence énorme
de moyens, & de reffources entre les différentes
villes où les troupes peuvent être établies, les
inconvéniens fâcheux qui en réfulteroient pour
celles qui le feroient mal, enfin l'inconftance

Change-
mens de
garnifon.

naturelle du françois qui lui fait aimer le changement, qui lui fait défirer de voir du pays,
& qui le fait s'ennuyer bientô: dans les endroits
où il féjourne trop long-tems, ont été & feront
toujours un obftacle aux garnifons permanentes,
dont les avantages principaux feroient de permettre aux troupes des établiffemens & des
arrangemens, qu'elles ne peuvent entreprendre
avec l'incertitude où elles font continuellement
de partir d'un moment à l'autre. Mais en ne les
adoptant pas, il eft inutile de tranfporter un
régiment d'un bout à l'autre du royaume ; je
voudrois donc.

1°. Que la même brigade fût toujours établie
le plus à proximité poffible.

2°. Que chaque régiment reftât toujours aumoins trois ans dans la même ville, & qu'il
n'en fortît avant ce tems que pour des caufes de
fervice extraordinaire.

3°. Qu'en en fortant ainfi, il fût affuré d'y
revenir, après que les raifons qui les auroient
fait fortir ne fubfifteroient plus fi fes trois ans
n'étoient pas achevés (1).

---

(1) Par ce moyen il pourroit y prendre quelques ar-

4°. Que

4°. Que les mouvemens se fissent de proche en proche pour changer de garnison dans la même division, & de manière à rester au moins douze ans dans chacune (1).

5°. Que les troupes en changeant de divisions passassent toujours, autant que faire se pourroit, dans une division voisine, afin de n'avoir pas des routes trop considérables.

6°. Enfin que les garnisons vraiment reconnues mauvaises ou mal saines, fussent abandonnées, s'il n'étoit pas indispensable pour leur sûreté d'y entretenir des troupes, & que dans le cas où il en faudroit nécessairement, elles fussent gardées par des détachemens se relevans de tems à autre.

Après avoir établi les principes à suivre pour les changemens de garnison, il est important de parler de la manière dont les troupes seront établies

Logement des troupes en garnison & en route.

rangemens particuliers, qu'il ne craindroit pas de voir rompre d'un moment à l'autre. Il pourroit y laisser ses effets inutiles, & n'être pas obligé de toujours tout emporter avec lui.

(1) Par ce moyen les commandans des divisions connoîtroient les troupes & en seroient connus.

M

dans les villes où elles doivent féjourner, & dans les lieux de leur paſſage pour s'y rendre.

Aujourd'hui le roi a quelques établiſſemens militaires qu'il entretient à fes frais dans quelques places de guerre ; ils appartiennent aux villes dans preſque toutes celles dans l'habitude d'avoir des troupes, & elles font chargées de les loger. Celles qui n'en ont pas y font egalement tenues, & alors elles fourniſſent les logemens des foldats en les plaçant, foit chez les habitans, foit dans des maifons qu'elles louent pour les recevoir. Les logemens des officiers, preſque dans toutes, font payés en argent d'après des ordonnances qui en déterminent le prix pour chaque grade.

Pour débarraſſer les provinces de ces dépenſes, il faudroit que le roi prît à ſon compte tous les établiſſemens qui leur appartiennent, & que les troupes fuſſent chargées de fe loger à prix d'argent dans les villes qui n'en auroient point de deſtinés pour elles, ou que le roi en fît conſtruire pour les recevoir. Cela fe pourroit dans celles qui en ont ou qui devroient en avoir habituellement, mais dans les autres, ou dans les lieux de paſſage, la dépenſe n'en pourroit pas être compenſée par un uſage habituel ; ainſi il faudroit que dans celles-là le moyen en argent fût

employé, soit que les troupes duffent y féjourner, ou qu'elles ne fiffent qu'y paffer. Si
l'autorité municipale fe mêloit de faire fournir
les logemens, quoique payés, ils feroient de
même une caufe de véxation pour les citoyens ;
fi elle ne s'en mêloit pas, les troupes pourroient
fort bien n'en pas trouver, fur-tout lorfqu'elles
ne feroient que paffer, ou l'avidité des habitans
qui chercheroient à tirer le parti le plus avantageux poffible des logemens qu'ils confentiroient
à louer, occafionneroit mille tracafferies avec les
militaires qui voudroient chercher l'économie.

Si le roi prenoit à fon compte tous les établiffemens entretenus à préfent aux frais des
villes, leur entretien lui coûteroit plus cher qu'à
elles, plus à portée de les furveiller ; fi les logemens devoient être payés en argent par les troupes,
il faudroit augmenter en conféquence les fonds
du département de la guerre. Il faudroit à cet
effet des contributions plus fortes. En dernière
analyfe les provinces payeroient toujours ces dépenfes, & d'une manière plus difpendieufe encore, que fi elles y étoient affujetties directement. La facilité de fe fervir des établiffemens
publics, ou des maifons religieufes inutiles,
rendroit cette charge peu confidérable pour

elles, & il n'en refulteroit que l'inconvénient de les faire acquitter dans une proportion égale par celles qui en retireroient les avantages comme par celles qui n'en profiteroient pas (1).

Pour diminuer les charges des provinces, ou des villes, en rendant les paffages des troupes moins onéreux pour elles, quelques projets ont propofé de ne les faire voyager qu'en campant.

Il eft une infinité de pays dans lefquels il feroit prefque impoffible de trouver pendant les trois quarts de l'année un terrein propre à affeoir un camp, mais quand bien même cela feroit poffible, ne fuffe que fur les chemins, qu'on réflechiffe aux difficultés de voitures qu'éprouvent les troupes en route pour tranfporter leurs bagages, à l'embarras de voyager toujours avec des effets de campemens très difficiles à porter, aux frais énormes qu'occafionneroit leur entretien en les faifant ainfi voyager, aux dépenfes qui réfulteroient des fournitures de paille renouvellées chaque jour de marche ; enfin que l'on

____

(1) Voyez à ce fujet au chapitre 3 à l'article de la répartition des troupes dans le royaume.

ſonge combien la ſanté du ſoldat pourroit ſouf-
frir d'une route ainſi faite en campant dans des
ſaiſons rigoureuſes, & l'on ſentira bientôt que
ce projet doit être rangé dans la claſſe de ceux
qui ne peuvent pas avoir d'exécution, & qu'il
ſeroit même dangereux de chercher à en faire
l'eſſai à cauſe des difficultés qui ſe préſente-
roient, ſi dans la circonſtance de quelque
marche, exécutée dans des ſaiſons trop rigoureuſes pour camper, ou trop précipitée pour
emporter ces effets de campement, on vouloit
faire loger les troupes dans des villes qui ſe
croiroient débarraſſées de cette obligation.

D'après ces obſervations, je penſe que les provinces, les villes, bourgs & villages devroient
continuer, comme par le paſſé, à être aſſujettis
à pourvoir aux logemens des troupes & des ma-
réchauſſées, ſoit ſéjournantes, ſoit paſſantes
dans leur arrondiſſement, conformément aux
regles qui ſeront établies, pour déterminer les
charges & contributions des villes aux dépenſes
locales dont elles ſeroient tenues. (1)

---

(1) C'eſt au comité des impoſitions à préſenter les détails des formes de cette contribution locale, & à déter-

M 3

Des troupes, pour être inftruites, doivent être exercées d'abord en détail, & réunies fucceffivement en bataillons, régimens, brigades, divifions & armées; mais cette derniere efpece de raffemblement, utile fans doute pour elles, l'eft encore plus pour les généraux qui ne peuvent fe former aux grandes manœuvres de la guerre, que par celles exécutées en tems de paix par une grande quantité de troupes fous leurs ordres.

Raffemblement des troupes.

La pofition du royaume, la néceffité de divifer les troupes fur fa furface, la trop grande étendue de terrein occupée par les deux armées des côtes de l'océan & du midi, d'après la formation que j'ai propofée ci-deffus, ne permettroient guères de faire ces raffemblemens d'armée, que dans celles d'Allemagne & des Paysbas. C'eft au roi à les ordonner quand il les croira néceffaires; en defirant pour les généraux qu'ils aient lieu le plus fréquemment poffible, je me bornerai à parler de ceux par

---

miner fi elles feront à la charge feule des villes, ou de la totalité du département.

régimens, par brigades & par divisions qui intéreffent le plus effentiellement les troupes.

Peu de mois bien employés aux manœuvres,
valent mieux pour l'inftruction qu'un plus long
efpace de tems dans lequel on s'en occuperoit
fans principes fixes, & fouvent d'une maniere
tracaffante, & par conféquent plus faite pour
dégoûter que pour inftruire,

Trois mois de réunion tous les ans devroient
fuffire dans les régimens, & pourroient en conféquence permettre neuf mois d'abfence à ceux
que leurs affaires obligeroient d'aller chez eux,
ou qu'une politique bien entendue engageroit
à rendre à leurs habitudes de citoyens, ou aux
travaux de la campagne.

Trois mois par an de réunion des officiers, bas-offi-ciers & fol-dats dans chaque ré-giment , 9 mois de congés.

Dans ces trois mois de raffemblement, fix
femaines pourroient en être employées aux exercices de détails néceffaires pour remettre des
hommes revenans de congé. Quinze jours fuffi-
roient pour redonner de l'enfemble aux bataillons & efcadrons, ou aux régimens; & le troifieme mois devroit être confacré tout entier aux
grands exercices par régimens, brigades, divifions, ou aux routes néceffaires pour les
réunir.

Les régimens compofans les mêmes brigades, Raffem-blemens

M 4

par régi-
mens ou
brigades
pendant un
mois tous
les ans.

devroient être, autant qu'il fera poffible, à proximité les uns des autres ; c'eft ainfi que leurs raffemblemens devroient avoir lieu tous les ans, par
brigades, quand elles ne feroient pas trop éloignées, ou au moins par régimens. Il faudroit,
quand il pourroit fe faire par brigades, réunir
à cet effet la partie des deux régimens qui devroit manœuvrer, dans la ville qui feroit la plus
commode, ou la faire camper, ce qui feroit encore plus avantageux ; c'eft à l'ordonnance à en
prévoir les détails.

Raffem-
blemens
par divi-
fions au
moins tous
les trois
ans.

Quelque rapprochés que puiffent être les régimens dans les divifions, ils ne le feroient pas
affez néanmoins pour pouvoir fe réunir avec
facilité. Ces raffemblemens plus confidérables
pourroient occafionner des dépenfes que la mo-
dicité des fonds à deftiner à cette partie ne permettroit peut-être pas tous les ans. Quelqu'u-
tile qu'il fût de les rendre auffi fréquens, quelque défirable même qu'il fût de les rendre annuels, je me bornerai cependant par ces raifons
à propofer qu'ils aient lieu au moins tous les
trois ans : ce n'eft guères qu'en campant qu'ils

Formation
d'un camp
pour les raf-
femble-
mens par
divifions.

pourroient s'effectuer, c'eft un moyen pour les
rendre plus inftructifs encore ; je defire donc

qu'ils aient toujours lieu par la formation d'un camp.

Si l'on doit chercher tous les moyens de donner aux troupes l'inſtruction qui leur eſt indiſpenſable, il faut tâcher en même-tems de concilier les intérêts, les goûts, les commodités même de chacun. L'époque des congés actuels a lieu pendant un tems qui ne permet point à ceux qui vont chez eux de s'occuper des travaux intéreſſans de la campagne : il ſeroit politique de chercher à y renvoyer des bras dans les momens de leur grande importance.

Les mois d'Avril, Mai & Juin, à donner aux exercices militaires, ſeroient les plus convenables. Le cultivateur envoyé chez lui au 1er. Juillet, pourroit s'occuper des récoltes de tout genre, des vendanges, des ſemailles, des battaiſons, & ne revenir à ſes drapeaux qu'au 1er. Avril, époque à laquelle les travaux ſont ordinairement ſans activité; mais cette ſaiſon, la meilleure & la plus convenable pour les exercices, pourroit très-bien ne pas offrir des terreins libres à la proximité de toutes les villes, pour les manœuvres même par régimens. Le mois d'Octobre eſt à peu-près le ſeul qui puiſſe donner par - tout ces facilités géné-

Congés donnés, autant que faire ſe pourra, au premier Juillet, ſinon, au premier Novembre.

rales pour des camps & des raſſemblemens ;
& je crains bien, d'après cela, qu'il ne faille
fixer en conſéquence les réunions des régimens
au 1er. Août.

Il pourroit cependant ſe trouver quelques
villes, quelques provinces qui pourroient offrir
des poſſibilités à cet égard : il me paroîtroit
bien avantageux de chercher à en profiter, &
même à les faire naître par-tout où on pourroit les rencontrer. Il n'y auroit pas ſans doute
un grand inconvénient, quand les congés de
l'armée s'expédieroient à des époques différentes, ſuivant la poſition des régimens, pourvu
que la durée du ſervice fût la même pour tous.
Je voudrois donc en conſéquence que les
commandans de chaque diviſion fuſſent libres
de faire délivrer les congés des troupes ſous
leurs ordres, au 1er. Juillet, s'ils peuvent faire
procurer aux régimens, ou trouver pour leurs
raſſemblemens par diviſions, des terreins qui
puiſſent permettre d'exercer pendant les mois
d'Avril, Mai & Juin, & au 1er. Novembre
ſeulement, dans le cas où les mois d'Août,
Septembre & Octobre, pourroient ſeulement
convenir aux manœuvres.

Par ce moyen, tous les officiers, bas-officiers

Marginal notes:

Les com-
mandans
des divi-
ſions ſeront
libres d'ex-
pédier les
congés an
premier
Juillet ou
au premier
Novembre,
ſuivant la
nature des
terreins
propres
aux ma-
nœuvres.

Jonction

& foldats, qui auroient eu des congés, feroient tenus de rejoindre au 1er. Avril ou au
1er. Août, fuivant qu'ils auroient été délivrés
au 1er. Juillet ou au 1er. Novembre.

des congés au premier Avril ou au premier Août, fuivant qu'ils auront été délivrés.

Les militaires doivent avoir des facilités
pour s'abfenter de leurs drapeaux; mais il faut
en même tems qu'ils y foient tous réunis pendant le moment propre aux inftructions, &
qu'il en refte toujours un affez grand nombre
pour faire le fervice néceffaire à la fûreté des
villes où les troupes feroient établies ; c'eft
d'après ces principes, que les congés devroient
être accordés. Ils font de deux efpeces, les
premiers de droit appellés fémeftres , les feconds extraordinaires & dépendans des circonftances. Ceux de droit peuvent être déterminés
d'une maniere fixe; je voudrois qu'ils euffent
lieu d'après les regles fuivantes :

1°. Tous les capitaines, lieutenans & fous-
lieutenans rouleroient enfemble dans leur grade
pour participer tour-à-tour au droit de congés;
la moitié de chacun s'abfenteroit, tandis que
l'autre refteroit au corps pour le fervice.

Ordre de la diftribution des congés de droit.

2°. Les porte - drapeaux & les adjudans
rouleroient entr'eux, de maniere qu'il en reftât
toujours un des deux pour chaque fervice.

3°. Les lieutenans - colonels rouleroient ensemble ; par ce moyen, chacun de ces grades
s'abfentant ainfi tour - à - tour, chacun d'eux
auroit quinze mois de fervice fur deux ans.

4°. Le quartier-maître, toujours utile au
corps, ne pourroit s'en abfenter que fur des
congés.

5°. Les colonels ferviroient cinq mois : favoir, un avant la jonction des congés, & un
après leur départ (1).

6°. Les maréchaux de camp de brigade ferviroient quatre mois (2) dont un avant ou après
les trois mois de réunion, à leur choix, ils pafferoient leurs revues d'infpection pendant ce
tems.

---

(1) Il eft néceffaire que le colonel arrive un mois
plutôt pour préparer le travail des trois mois de raffemblement, & mettre fon régiment en état auparavant, &
qu'il refte un mois après pour ordonner les détails de
l'hiver ; un plus long fervice feroit inutile.

(2) Indépendamment du tems qu'ils pourroient être
employés particulièrement à la divifion, & fur des commiffions particulières dans l'abfence des lieutenans-généraux, ce mois de fervice au-dela des trois mois eft
néceffaire pour préparer ou clore leurs détails de revues.

7°. Les lieurenans-généraux de divifion ferviroient fix mois chacun. Ils y feroient tous les
deux pendant les trois mois du raffemblement
des troupes, pendant lefquels ils pafferoient
leurs revues, & ils s'arrangeroient entre eux
pour que l'un faffe les trois mois précédens, &
l'autre les trois fuivans (1).

8°. Les généraux des armées ferviroient feulement pendant les trois mois de réunion des
troupes, ils choifiroient pour leur établiffement
la ville qu'ils jugeroient à propos. Ils feroient
en outre des tournées, de manière à vifiter aumoins une fois tous les trois ans tous les régimens, tous les quartiers, & tous les établiffemens de leur armée.

9°. Les fergens majors, ou maréchaux des
logis en chef, pourroient comme les officiers
s'abfenter par moitié, ceux des deux compagnies formant la même divifion ou le même

---

(1) Ces neuf mois, tant avant que pendant & après
la réunion, font les plus intéreffans pour le fervice.
Pendant les trois autres mois, ou en cas d'abfence par
congé, la divifion feroit commandée par celui des maréchaux de camp, des brigades qui la compoferoient,
que le roi voudroit employer ainfi.

efcadron rouleroient enfemble, & le préfent refteroit chargé des détails des deux compagnies.

10°. Le tiers feulement des bas-officiers ou foldats pourroit s'abfenter tous les ans : le congé appartiendroit à chacun à fon tour, & chacun avec l'approbation du capitaine & du commandant du corps pourroit s'en arranger avec un de fes camarades. Les bas-officiers du même grade rouleroient enfemble dans la même compagnie (1).

Signature du commandant du corps feule néceffaire au procès-verbal de l'expédition des congés de droit.

Les formes ufitées à préfent pour l'expédition des congés exigent la fignature de l'officier, même allant en fémeftre, au bas du procès verbal qui conftate le nombre des reftans, & de ceux qui avoient le droit de s'abfenter; elles ne l'en difpenfent que dans certains cas. Cette forme de procès verbal eft néceffaire à continuer, furtout avec la facilité propofée de délivrer les congés à des époques différentes fuivant le pays; mais je voudrois que le feul commandant du corps fût tenu de le figner. C'eft à lui à ré-

---

(1) Dans l'infanterie les fourriers & les fergens rouleroient enfemble, mais il faudroit établir que le fourrier, & le fergent-major d'une compagnie ne pourroient pas s'abfenter la même année.

pondre des abus qu'il pourroit se permettre contre la loi. S'il est nécessaire qu'il soit exact, il est aussi des occasions qui exigent indispensablement des facilités de sa part; étant sur les lieux, & connoissant les affaires de tous les individus, il est à portée d'en apprécier la nécessité, & cette obligation de signature imposée aux officiers, n'a d'autre effet que de faire chercher à éluder par toutes sortes de moyens une loi trop sévère pour être suivie dans toute sa rigueur.

Les congés accordés extraordinairement pour affaires sont sans appointemens, ceux pour cause de maladie constatée par des certificats de médecins, sont seuls exempts de cette retenue. Le tems de la durée de ces congés doit venir en diminution sur les services de l'officier qui les obtient. — Telle est la forme actuelle.

Le goût des congés est une espéce de maladie chez l'officier François, on la guériroit difficilement, il faut en être avare pendant les trois mois destinés à l'instruction; il ne faut pas en être prodigue pendant les autres, mais il seroit peut-être dangéreux d'en être trop économe, & de les astreindre à des conditions dures, & à des formalités humiliantes : il pourroit en

réfulter l'inconvénient de dégoûter beaucoup de
très-bons officiers qui fe voient avec peine en-
levés à des affaires qu'ils peuvent avoir dans des
momens où le fervice n'exige rien d'eux, ou
l'inconvénient plus fâcheux encore de les accoutumer à recourir à la rufe pour fe fouftraire à
la rigueur d'une loi qui les gêne.

L'état accorde des appointemens aux officiers,
ce n'eft pas à tant par jour de fervice qu'il en-
tend les payer, & fon projet n'eft pas de donner d'une main pour retenir de l'autre. Le François eft fait pour être cru fur fa parole : tous les
certificats exigés ne peuvent pas mieux conftater fes befoins. Les commandans des régimens
connoiffent mieux ceux qui fervent fous leurs
ordres, leurs affaires réelles, leurs caractères,
leurs habitudes, qu'un miniftre qui ne peut les
apprécier que d'après leur rapport ; je voudrois
donc : 1º. Qu'aucun congé (1) n'entrainât la
perte des appointemens. 2º. Qu'aucuns certifi-

---

(1) Le foldat qui s'abfente doit payer fon fervice à
celui qui en fera chargé. C'eft un accord réciproque qui
doit être fait entre les préfens & les abfens, pour l'a-
vantage de tous. La demi-folde de l'abfent doit y être
deftinée.

cats ne fuſſent exigés à l'appui des demandes
qu'on en pourroit faire.

3°. Qu'il n'en fût accordé aucun pendant
les trois mois deſtinés à l'inſtruction.

4°. Que les commandans des corps fuſſent
chargés de les ſolliciter auprès du miniſtre, qui
ſeul les accorderoit, & qu'ils fuſſent en même
tems reſponſables des abus de leurs demandes,
& des inconvéniens qui en pourroient réſulter
pour le ſervice.

CHAPITRE XI.

De la diſcipline de l'armée.

La ſubordination conſtitue eſſentiellement la
force de l'armée, elle doit être établie de grade
en grade ; mais ſi elle doit être paſſive pour ceux
qui y ſont ſoumis, il faut en même tems que
l'exigence en ſoit réfléchie de la part de tous
ceux qui ſont dans le cas de la preſcrire, & que
des loix ſages, en l'ordonnant, previennent auſſi
les abus qu'on pourroit en faire.

Pour pouvoir contenir une multitude d'hommes raſſemblés & vivans enſemble, il faut qu'ils

puiſſent ſavoir ce qu'ils peuvent faire, ce qu'ils doivent s'interdire, ce qu'on eſt en droit de leur preſcrire, & les châtimens auxquels ils peuvent être expoſés. La loi, & non la fantaiſie arbitraire des commandans, doit le prononcer d'une maniere poſitive, & s'il eſt néceſſaire qu'elle établiſſe des peines contre ceux qui troubleroient l'ordre, il faut qu'elles ſoient proportionnées aux fautes, qu'elles ne contrarient pas le caractere national, & par-deſſus tout qu'elles ne puiſſent être infligées que légalement.

Les fautes que l'on doit punir ſont de deux natures, les unes ſont ſeulement contraires à la diſcipline, & n'intéreſſent qu'elle; les autres ſont de véritables délits contre le bon ordre, ſoit militaire, ſoit civil.

Les punitions de diſcipline preſcrites par les réglemens du roi, ont été infligées juſqu'ici, à-peu près par la volonté ſeule de ceux chargés du commandement; il faut remédier à cet arbitraire. Celle contre les crimes & les délits militaires, ne l'étoient qu'en vertu des loix & des formes preſcrites: elles ont vieillies, il faut les rendre plus analogues aux loix criminelles qui auront lieu contre les citoyens. C'eſt au roi à prononcer les réglemens de la diſcipline inté-

Les réglemens de diſcipline intérieure appartiennent au ro.

rieure. Les loix contre les crimes & les délits militaires peuvent intéreffer l'honneur, l'exif-tence civile, ou la vie des citoyens qui fervent leur patrie ; les repréfentans de la nation doivent s'en occuper, & c'eft à eux à les déterminer.

Je n'entreprendrai point ici d'entrer dans aucuns détails, je me contenterai d'expofer quelques réflexions fommaires fur les bafes princi-pales qui me paroiffent devoir fervir à la rédaction de ces réglemens & de ces loix.

De la difcipline intérieure.

Les punitions de difcipline intérieure font légeres ordinairement & de peu de conféquence. Les affujettir à des formes légales, feroit s'écar-ter de leur but, qui doit être de punir la faute auffi-tôt qu'elle eft commife. Tous ceux revêtus du commandement doivent avoir le droit de les prononcer eux-mêmes contre leurs fubordonnés. Il en eft cependant quelqu'unes parmi elles qui, intéreffant en quelque forte l'honneur des défenfeurs de la patrie, ne devroient jamais être infligées par l'effet de la volonté d'un feul homme. Le renvoi avec une cartouche jaune, lorfqu'une conduite honteufe, fans être néanmoins crimi-

nelle , est faite pour attirer cette flétrissure militaire , la cassation des grades des bas officiers,
lorsque leurs fautes sont de nature à les faire
juger peu dignes , ou peu capables de commander les autres , me paroissent devoir être
de ce nombre : un conseil de discipline seul
devroit être dans le cas de les ordonner.

Les supérieurs sont faits pour être les juges
de leurs inférieurs dans le militaire. Le principe
admissible dans l'ordre civil , que tout accusé
doit être jugé par ses pairs, pourroit nuire à la
subordination ; elle ne doit jamais être discutée,
il ne peut pas y être applicable.

Je voudrois en conséquence que ce conseil fût
composé des officiers supérieurs , & des quatre
plus anciens capitaines du régiment; il seroit
suffisant sans doute pour empêcher l'arbitraire,
ou la partialité d'un seul homme, & la publicité qu'on pourroit apporter à ses jugemens en
y appellant comme témoins des individus les
plus anciens du grade même de l'accusé, suffiroient pour en écarter tout soupçon d'injustice,
sans exposer la discipline.

C'est par ce conseil que je voudrois voir prononcer les châtimens de cette espece. Il pourroit
être chargé aussi de recevoir les réclamations de

tous ceux qui croiroient avoir à se plaindre d'avoir été punis injustement, mais en les autorisant à les y porter, il faudroit décider positivement que ces plaintes ne pourroient pas arrêter l'effet des punitions ordonnées : elles ne font pas d'une nature à faire paroître bien intéressant d'empê- cher le subordonné de les subir, & le contraire pourroit avoir les suites les plus fâcheuses pour la discipline. Enfin en ordonnant qu'il seroit fait droit à leur demande, si elle étoit juste, il faudroit en même-tems prononcer des peines séveres contre ceux qui se permettroient de ré- clamer sans fondement.

La punition des verges, supplice trop rigou- reux pour être ordonné arbitrairement par la volonté d'un seul chef, existoit autrefois, mais elle a été interdite, & elle n'est plus infligée que pour la désertion, & par un jugement légal. Celle des coups de plat de sabre, prescrite par les ordonnances de 1776, peu analogue à l'es- prit de la nation, vient d'être supprimée pa- reillement par un ministre qui avoit su, comme général pendant les guerres d'Allemagne, con- noître assez bien le caractere du François, pour arrêter, par la crainte des coups, la maraude,

N 3

que la peine de mort auparavant prononcée contre elle., ne pouvoit point empêcher.

Les coups ne conviennent point au caractère de la nation pour de simples fautes ; il faut absolument s'interdire tous les châtimens de cette espece, & les réserver tout au plus pour des crimes déshonorans, qui , sans mériter la mort, pourroient demander une peine flétrissante.

Tels sont les principes dans lesquels je voudrois voir régner les réglemens de la discipline intérieure des corps. C'est au roi à les prononcer ; sa justice & sa bonté doivent être de sûrs garans de leur sagesse.

Des crimes & délits militaires.

On peut donner ce nom à tout ce qui est réellement crime dans l'ordre civil : mais le militaire, en embrassant cette profession , s'est soumis à une subordination indispensable. Lorsqu'il s'en écarte , il commet des délits punissables , suivant la rigueur des loix prononcées à cet effet.

Les crimes & délits militaires peuvent se considérer sous deux rapports ;

1°. Les crimes qui mériteroient également ce nom dans l'ordre civil, & qui peuvent appartenir à tous les hommes ;

2°. Les délits qui, tenant à la subordination & au devoir militaire, ne méritent ce nom qu'en raison des obligations contractées.

Les premiers peuvent être commis de deux manieres ; par des militaires, ou vis-à-vis des citoyens des villes où ils tiennent garnison, ou entre eux dans leur intérieur. Lorsqu'ils intéressent des citoyens, ils doivent être punis par les loix ordinaires, & en conséquence être renvoyés aux tribunaux faits pour juger ces derniers : rien ne doit faire éluder ce renvoi, & la loi à prononcer à cet égard doit donner aux magistrats toute autorité pour les réclamer, & pour s'en saisir.

Les crimes commis entre les militaires, dans leur intérieur, & sans intéresser les citoyens, doivent être jugés par un conseil de guerre, & les peines à prononcer par lui doivent être les mêmes que celles qui seroient infligées dans l'ordre civil pour les crimes correspondans.

Les délits qui tiennent principalement à l'état militaire doivent être jugés pareillement par un conseil de guerre.

Définition des crimes & délits militaires.

Crimes militaires.

Renvoi aux tribunaux ordinaires des crimes qui peuvent intéresser les citoyens.

Jugement par un conseil de guerre pour les crimes commis entre militaires.

Peines semblables à celles prononcées dans l'odre civil pour les cas correspondans.

Délits militaires

N 4

Ils intéressent la subordination , ou le devoir. Toute faute contre la subordination est un délit punissable , sans elle il n'existeroit pas d'état militaire ; on ne peut apporter trop d'attention à la maintenir dans toute son intégrité.

Les délits contre elle peuvent être plus ou moins grands suivant les circonstances , plus ou moins intéressans suivant les grades : les uns doivent mériter la mort , d'autres des peines afflictives ou flétrissantes , d'autres enfin de simples châtimens , mais tous doivent être punis ; c'est à la loi à établir les différentes gradations.

Toute peine afflictive ou flétrissante , ne doit pouvoir être prononcée que lorsque le délit est bien prouvé , & bien constaté par toutes les formes légales , & semblables à celles qui seront prescrites par les loix criminelles de l'ordre civil.

La déposition des supérieurs affirmée par eux contre leurs subordonnés , doit suffire seule pour faire prononcer contre eux, suivant les cas, tous les autres châtimens qui ne portent point avec eux ces caracteres de sévérité : elle doit de même suffire pour leur infliger au moins une des peines de cette derniere espece pour des délits qui en mériteroient de plus graves, s'ils étoient conftatés par les formes légales prefcrites pour les prononcer. Que deviendroient la difcipline & la fubordination militaire, fi toutes les attaques qui leur auroient été portées fans témoins pouvoient refter impunies.

Les délits qui intéreffent les devoirs des militaires peuvent être de plufieurs efpeces. C'eft à la loi à les prévoir, & à prononcer les peines en raifon de leur importance. Je ne m'arrêterai ici qu'au feul cas de la défertion; c'eft le délit qui fe répete le plus fréquemment, & c'eft celui qui me paroît jufqu'ici n'avoir jamais été puni d'une maniere proportionnée, ou analogue au caractere de la nation.

Jadis la mort étoit fon châtiment : il étoit trop dur chez une nation que l'inconftance du caractere, ou l'étourderie de l'âge y déterminent le plus fouvent. On y a fubftitué la peine de la chaîne de terre : le travail auquel on deftinoit ces déferteurs n'a pu avoir lieu, & il n'en eft réfulté que les inconvéniens d'une prifon qui, en occafionnant des dépenfes confidérables à l'état, rendoit inutiles au fervice & à la fociété des hommes qui fe trouvoient perdus pour elle,

par l'espece de flétriſſure qui accompagnoit leur
jugement.

Les déſerteurs aujourd'hui ſont condamnés à
une prolongation de ſervice déterminée , après
avoir ſubi le châtiment des baguettes. Pluſieurs
réflexions ſe préſentent à ce ſujet ; eſt - il analogue à la dignité du ſervice , eſt il encoura-
geant pour ceux qui s'y conſacrent, de voir infliger, comme une punition, la néceſſité de ſervir
la patrie , lorſque la politique exigeroit qu'on
rendît cet état aſſez honorable pour faire regarder comme une faveur d'y être admis ? Enfin
dans une nation qui, par un préjugé d'honneur,
regarde 'es coups comme une flétriſſure , a-t-il
été bien vu de forcer les ſoldats à regarder
comme leur camarade, un homme qui venoit de
recevoir la punition des baguettes en exécution
d'un jugement, & de les forcer à vivre avec
celui, que le préjugé auroit mis dans le cas d'être
renvoyé, dans le tems où ce châtiment étoit
prononcé pour des fautes de diſcipline ſeulement ?

Tout François qui a embraſſé la profeſſion militaire, a fait le ſerment d'en remplir les obligations en ſervant ſa patrie : s'il y manque , il

doit être puni, mais il ne doit pas être perdu pour elle.

Si la désertion étoit accompagnée de quelques crimes, ou de quelques circonstances aggravantes qui puissent faire regarder le déserteur comme un traître, les peines prononcées contre les crimes qu'il auroit pu commettre en désertant, & contre la trahison, doivent lui être infligées.

Si sa désertion est simple, si elle n'est point une récidive, sa punition doit être plutôt de discipline que de rigueur. La peine du talion est la plus juste de toutes : l'abus de la liberté doit être puni, une premiere fois par sa privation, & je voudrois qu'en conséquence, sans passage de baguettes, sans prolongation de service, contraire à mon avis à tout préjugé militaire, la punition se bornât à quinze jours de cachot, à quinze jours de prison, à deux mois de chambre de police, & à dix mois de consigne.

Première désertion.

Si la désertion est récidivée, sa punition doit alors devenir plus sévere, & je pense que dans le cas où quelques circonstances aggravantes n'exigeroient pas une peine plus forte, celle des galeres de mer doit être alors infligée. Les sol-

Seconde désertion.

dats françois que l'honneur feul n'a pu contenir dans le devoir, ne méritent plus de fervir volontairement la patrie, & ce n'eft que par la contrainte, & la rigueur qu'elle peut alors en exiger les fervices qu'elle a droit d'en attendre, & qu'ils avoient juré de lui rendre.

Des con-
feils de
guerre. Les confeils de guerre deftinés à juger les crimes & délits militaires ou à prononcer fur l'honneur, ou l'incapacité des officiers à exclure des droits de l'ancienneté, font des efpeces de tribunaux reconnus par la loi : leur formation ne doit pas être arbitraire. Ne les défigner qu'au moment même où ils devroient avoir des fonctions, feroit établir des commiffions qui pourroient être compofées fuivant qu'on défireroit de favorifer ou non l'accufé : leur formation dans tous les cas, & pour tous les grades qu'ils auroient à juger, doit donc être déterminée par la loi même.

Faits pour juger légalement, ils doivent être affujettis à des formes, tant pour leurs procédures que pour leurs jugemens : celles qui feront établies pour les tribunaux doivent leur être communes, c'eft le meilleur moyen fans-doute pour empêcher les abus.

Toutes les affaires criminelles, dans l'ordre

civil ordinaire, foumifes d'abord à un premier tribunal, ne peuvent être jugées définitivement que par des juges fupérieurs aux premiers : les confeils de guerre, lorfqu'ils prononceront des peines afflictives, flétriffantes, ou attentatoires à l'exiftence militaire des officiers, doivent être affujettis aux mêmes regles. Je voudrois donc qu'aucun de leurs jugemens portant des peines de cette nature, ne pût être exécuté qu'après qu'il auroit été confirmé pas le tribunal des maréchaux de France que j'ai propofé ci-deffus d'inftituer à cet effet : pourroit-on prendre trop de précautions, lorfqu'il s'agit de prononcer fur la vie ou fur l'honneur des citoyens.

Autrefois le code pénal militaire admettoit deux manières de faire exécuter les jugemens des confeils de guerre, lorfqu'ils portoient peine de mort.

L'une par la main du bourreau, l'autre par les camarades mêmes qui fufilloient le coupable. La première étoit flétriffante ; la feconde, en rangeant le fupplice dans la claffe des peines militaires, ne faifoit réjaillir aucun opprobre fur la famille innocente du fupplicié. La nation entreprend elle-même de détruire aujourd'hui ce préjugé barbare. Les foldats ne font faits,

dans aucun cas, pour être eux-mêmes les exé-
cuteurs des criminels, ci-devant leurs camarades. Après les avoir dégradés d'un habit dont
leur crime les rendroit indignes, je voudrois
qu'ils fuſſent toujours remis à celui chargé
d'exécuter les arrêts prononcés par les loix, puiſ-
que l'opprobre du ſupplice finit à préſent à leur
exécution.

Tels ſont les principes généraux qui me pá-
roiſſent devoir ſervir de baſe à la rédaction du
code pénal militaire, que les repréſentáns de
la nation doivent décréter.

CHAPITRE XII.

*Direction & emploi des forces publiques. — Accord
entr'elles.*

C'eſt pour conſerver la liberté, c'eſt pour la
garantir des entrepriſes que la force armée
entre les mains d'un monarque entreprenant,
pourroit tenter contr'elle, qu'on a cherché à
prouver qu'il falloit que l'armée fût citoyenne
ou la haut à la conſtitution.

C'eſt d'après ces principes qu'on a propoſé

d'abord de compofer l'armée de tous les citoyens, qu'un fervice perfonnel obligé appelleroit à la profeffion des armes, fans exception
de rang & de fortunes, par le moyen d'une
confcription militaire établie à cet effet. C'eft
dans les mêmes vues, qu'on a préfenté le projet d'attacher chaque régiment de l'armée à
une province en particulier, afin que compofés
tous d'officiers & de foldats domiciliés, &
connus dans ces mêmes provinces, ils puiffent
prendre un efprit vraiment national, & devenir les protecteurs & non les oppreffeurs de
la liberté de leurs concitoyens. C'eft dans le
même efprit que les troupes réglées, compofant
l'armée de ligne, ont été liées par un fer-
ment, & affujetties à l'obligation de ne pouvoir agir fans une réquifition des municipalités; enfin c'eft par le même principe, que
l'on cherche aujourd'hui à réunir par les liens
d'un fervice commun les gardes-nationales &
les troupes réglées, de manière que ces deux
armées foient auxiliaires l'une de l'autre, felon
que la paix les emploieroit dans le royaume,
ou que des circonftances de guerre les appel-
leroient à fa défenfe extérieure.

Déjà dans le premier rapport que j'ai fait

à l'assemblée nationale, j'ai démontré tous les vices & tous les inconvéniens de la conscription militaire (1); déjà dans une de mes opinions particulières, qui a été imprimée, j'ai prouvé que le projet d'attacher chaque régiment à chaque province en particulier, étoit *impraticable* dans son exécution, *dangereux* par les difficultés qu'il occasionneroit entre les troupes & les assemblées de département chargées de les recruter, par les vexations que cette obligation attireroit aux citoyens, si le moyen de la conscription étoit employée, ou par la mauvaise espèce d'hommes qui en résulteroient pour l'armée, s'il ne l'étoit pas, & enfin dangereux par la dépopulation, auquel ce projet exécuté exposeroit certaines provinces, en raison des pertes trop considérables, que la guerre pourroit occasionner dans quelques corps, *impolitique*, en isolant les régimens, en leur donnant un esprit de province, au lieu d'un esprit général, & en fournissant peut-être des moyens de résistance contre une autorité légitime ; enfin *anti-militaire*, en détruisant dans

____

(1) Voyez-en l'extrait ci-dessus chapitre 4. Composition des armées.

les troupes, par une vie citoyenne, & des ré-
fidences trop longues dans des provinces peu
militaires, l'activité, l'habitude de la fatigue,
& l'inftruction fi néceffaires, pour affurer des
fuccès guerriers.

J'ai déjà expofé ci-deffus (1) les motifs qui
s'oppofoient au projet d'employer les gardes-
nationales comme auxiliaires de l'armée de ligne
à la guerre.

L'affemblée nationale a déjà décrété le fer-
ment des troupes, & la néceffité pour elles d'attendre pour agir les réquifitions des municipalités.... Je dois m'interdire toutes réflexions à ce
fujet; il ne me refte plus qu'à expofer les raifons qui me paroiffent devoir empêcher de
réunir les gardes-nationales & les troupes réglées
par un fervice commun pendant la paix.

L'armée de ligne, fans contredit, doit être
auxiliaire des gardes-nationales dans l'intérieur
du royaume ; elle doit, comme elles, affurer
l'ordre & la tranquillité; elle doit leur prêter
main-forte, lorfqu'il eft néceffaire : mais eft il

____

(1) Voyez ci-deffus chapitre 3 , de l'armée auxiliaire.

O

raisonnablement politique de confier exclusivement le soin de la police & de la tranquillité
des villes à des citoyens qui les habitent,
quelquefois intéressés particuliérement à ne l'y
pas maintenir, partageant souvent l'effervescence
qui pourroit exciter leurs concitoyens à quelques désordres, & presque toujours portés à
ne point arrêter ceux qui pourroient être commis par leurs proches ou leurs amis? Est - il
prudent d'exposer des hommes armés à des prétentions de corps différens, en les réunissant
par un service commun, lorsque les querelles
particulières des régimens même entr'eux, &
lorsque les rivalités déjà survenues dans les
premiers momens même des élans d'un patriotisme commun entre les gardes-nationales &
les corps de volontaires établis dans les mêmes
villes, nous démontrent par expérience combien il est impossible que des hommes susceptibles de prétentions rivales, puissent vivre ensemble dans cette heureuse intelligence, qui
peut seule maintenir l'ordre & assurer la tranquillité? Enfin, si la conservation de la liberté
demande que les gardes-nationales soient toujours armées, si leur existence doit être con-

facrée, ainfi que je l'ai propofé ci-deffus (1) ;
eft-il du moins bien vu d'en exiger un fervice
journalier, fait pour les détourner de leurs occupations, de leurs affaires, de leurs travaux,
lorfque la nation foudoie des hommes, pour
veiller à fa défenfe ? La raifon feule fuffit
pour répondre à ces queftions ; je regarde
comme inutile de les développer davantage.

D'après ces obfervations, je penfe 1°. que
les gardes - nationales toujours armées dans
chaque ville pour des momens où leurs forces
pourroient être néceffaires, ne devroient faire
un fervice journalier que lorfqu'elles n'auroient
pas de troupes réglées pour y maintenir l'ordre, ou que dans des momens extraordinaires
pendant lefquels ces troupes auroient ellesmêmes befoin de renfort ; 2°. que ce devroit
être aux municipalités à requérir les gardes-
nationales de s'affembler, quand leur fervice
pourroit être de quelqu'utilité.

Les gardes-nationales toujours armées feroient
toujours prêtes à défendre leurs droits, s'il eft
néceffaire. Cet arrangement feroit plus raifonnable & plus prudent ; & les citoyens , en

____

(1) Voyez le chapitre 3 ci-deffus.

s'armant pour la liberté publique, ne feroient pas, par ce moyen, expofés à voir porter atteinte à leur liberté individuelle par un fervice fréquemment répété, & fouvent exécuté fans néceffité.

En adoptant l'arrangement propofé ci-deffus, il pourroit fe trouver des occafions, où les gardes nationales & les troupes réglées feroient dans le cas de fervir enfemble; il pourroit en exifter d'autres pour des fêtes ou des cérémonies publiques dans lefquelles elles pourroient prendre les armes conjointement: pour éviter les difficultés, la prudence veut que les rangs foient affignés de manière à éviter toutes les caufes de tracafferies.

Dans les villes, les troupes ne peuvent agir fans réquifition. Les unes & les autres y dépendent des municipalités qui peuvent feules diriger leurs actions. Les gardes nationales leur appartiennent plus particuliérement. Elles peuvent donc avoir le pas, fans aucun inconvénient: mais hors de l'enceinte des villes, les municipalités ne peuvent plus diriger leurs mouvemens; les raifons qui les en auroient fait fortir, fembleroient annoncer que l'expérience des manœuvres pourroit être néceffaire.

A ce titre, les troupes réglées me paroîtroient devoir y obtenir le commandement & le pas. Ce sont sans doute ces motifs qui ont engagé le ministre du roi à prononcer déjà en conséquence.

D'après ces observations, je pense,

1°. Que dans le cas où les gardes-nationales & les troupes réglées devroient être réunies dans les villes, les premières devroient avoir le pas, & rester chacunes commandées par leurs officiers, pour agir d'après les ordres des municipalités chargées seules de diriger leurs actions.

2°. Que lorsque ces deux troupes seroient réunies en campagne, & hors de l'enceinte des villes, les troupes réglées devroient avoir le pas, & qu'alors toutes deux devroient être aux ordres du commandant militaire, chacune d'elles restant néanmoins commandée par ses officiers.

Toutes les forces armées doivent être exclusivement dans la main du pouvoir exécutif; les en retirer, c'est le moyen le plus sûr pour porter atteinte à la liberté: c'est ce qui me reste à démontrer. Une simple définition de ce mot, & une courte expofition des principes doit fuffire à cet effet.

Par le mot générique *liberté*, on doit entendre la *liberté individuelle* & la *liberté publique*.

La liberté individuelle confifte à pouvoir faire tout ce qui n'eft pas défendu par les loix, à le faire librement, & fous leur protection, & à être garanti par elles de toutes les atteintes que les autres membres de la fociété, ou les agens de l'autorité pourroient vouloir y porter, & enfin à n'être puni que par les loix, & fuivant les formes prefcrites par elles, de toutes les infractions qu'on pourroit commettre contr'elles. Elle appartient aux individus.

La liberté publique confifte à n'être gouverné que par les loix, à la confection defquelles on a participé, à n'être affujetti qu'aux charges & aux obligations qu'on a confenties; elle eft la fauve-garde de la liberté individuelle, qui ne peut exifter véritablement, & dans toute fon étendue, que par elle.

Elle appartient aux nations affez heureufes pour la poffèder & pour favoir en jouir.

La conftitution d'un royaume eft le code des

loix qui établissent la forme de son gouverne-
ment, & qui assurent sa liberté publique.

Une bonne constitution monarchique doit
admettre deux pouvoirs principaux, *le pouvoir
législatif*, & *le pouvoir exécutif*.

Le pouvoir législatif ne peut pas être exercé
par une grande nation réunie, elle le délègue à
des représentans choisis par elle ; c'est par eux
qu'il doit être exercé en son nom, il peut donc
être divisé entre un grand nombre d'individus
dont le vœu collectif représente l'expression de la
volonté générale.

Le pouvoir exécutif est celui qui est chargé
de faire exécuter les loix, & de maintenir l'ordre.
Il ne peut être entre les mains de tous, parce-
qu'alors il perdroit sa force & son activité : il
faut qu'il soit concentré entre les mains d'un
corps peu nombreux, ou entre les mains d'un
seul : tous les moyens de force doivent lui être
confiés, son unité seule constitue sa puissance ;
elle doit s'étendre sur toutes les parties de l'empire, & les contenir toutes également : dans une
monarchie il appartient au monarque, il doit
résider exclusivement, & uniquement entre ses
mains.

L'indépendance respective de ces deux pouvoirs assure seule une bonne constitution ; s'ils peuvent se contrarier mutuellement, si leur séparation n'est pas bien déterminée, il ne peut résulter de ce choc réciproque , & toujours renaissant, que trouble & que confusion.

Si le pouvoir législatif domine , ce n'est pas la nation qui regne , ce sont les représentans auxquels elle a délégué ses droits , pour les maintenir, & non pour les exercer : si le pouvoir exécutif est le plus fort, elle perd nécessairement son droit de s'imposer des loix. De façon ou d'autre il n'en peut résulter que le despotisme, soit du monarque, soit de ses représentans , ce qui est peut être plus fâcheux encore, parce qu'exercé par un plus grand nombre d'individus, il n'en peut être que plus terrible. Les loix sont toujours violées & méconnues dans l'un & dans l'autre cas ; la liberté publique qui dépend de leur exécution, est alors anéantie ; & comme elle est la sauve-garde de la liberté individuelle , cette derniere devient exposée par là aux atteintes arbitraires qu'on peut vouloir lui porter. Une bonne constitution sera celle qui , en rendant ces deux pouvoirs absolument indépendans l'un de l'autre , fixera les bornes de leur féparation commune, de maniere à les empêcher de jamais fe réunir.

Si chaque province avoit des régimens qui dépendiffent d'elle, & qu'elle pût regarder comme à elle, fi ces troupes s'y attachoient au point d'adopter leur efprit, fi chaque munici-palité pouvoit fe coalifer avec celles qui feroient fes voifines, fi elles pouvoient difpofer arbitrairement de leurs gardes nationales pour les employer hors de l'enceinte de leurs murs ; fi cette partie de la force publique n'étoit, pas comme les autres forces armées dans la main du dépofitaire fuprême du pouvoir exécutif ; fi elle pouvoit avoir des chefs indépendans de lui, fe mouvoir ou fe réunir fans fa volonté, ce pouvoir feroit alors divifé entre tous ceux qui pourroient difpofer de ces forces, & en perdant fon unité d'exécution, il perdroit fa puiffance ; ce feroit lui oppofer des moyens de réfiftance, & en les mettant ainfi entre les mains de ceux qui pourroient vouloir perfonnellement en ufer, ce feroit l'anéantir, non pour le bien général de la nation, qui ne peut affurer fes droits que par l'ordre & la tranquillité, mais pour les intérêts particuliers de quelques portions de l'empire, ou de quelques individus qui voudroient fe fouftraire à l'autorité ; enfin ce feroit établir dans le fein même du royaume une lutte continuelle & armée de toutes les parties entre elles , ou de quelqu'unes contre le fouverain, que de défordres, que de maux , qu'elle anarchie ! elle fatigue tôt ou tard les peuples. C'eſt le moyen le plus aſſuré pour les ramener dans les fers du defpotifme, auxquels ils tendroient eux - mêmes les mains pour mettre fin par lui à tous les maux qui les accableroient : il s'établiroit alors d'une maniere d'autant plus durable , qu'il ne pourroit manquer de leur paroître préférable aux horreurs d'une liberté établie fur de pareils moyens.

Lorfqu'une nation eſt parvenue à recouvrer fa liberté en confolidant fa conſtitution , ou en s'en donnant une , il eſt indifpenfable fans - doute qu'elle prenne toutes les précautions que la fageſſe peut infpirer à fes légiſlateurs , pour empêcher qu'on ne puiſſe y porter atteinte : qu'elle fixe le nombre de troupes à entretenir fur pied ; qu'elle prononce qu'il ne pourra être augmenté fans fa volonté ; qu'elle en détermine même l'efpece & la nature ; qu'elle retienne à elle feule tous les moyeus d'argent , fans lefquels le monarque le plus ambitieux & le plus porté au defpotifme feroit toujours fans force comme fans

pouvoir, pour s'en emparer ; qu'elle déclare
tous les agens de l'autorité responsables envers
elle des contraventions aux loix, qu'ils pourroient se permettre, ou conseiller au monarque
qu'ils entourent, & qu'ils égarent souvent ;
qu'elle cherche à détruire tous les abus dépré-
dateurs qui l'énervent pour l'intérêt particulier
de quelques individus inutiles ; qu'elle assure les
droits de tous les citoyens à toutes les places, &
à tous les emplois ; enfin qu'elle reste constamment assemblée en législatures permanentes,
pour être toujours à portée de veiller à ses intérêts, & de défendre ses droits, rien n'est plus
raisonnable : on ne peut qu'applaudir à de pareilles loix, elles suffisent seules pour empêcher
le pouvoir exécutif le plus absolu d'être jamais
à craindre pour elle, elles le contiennent sans
l'affoiblir ; mais si un amour exalté d'une liberté
mal définie pouvoit l'égarer, si des précautions
telles que celles proposées ci-dessus pour la conserver, étoient de nature à confondre les pouvoirs législatifs & exécutifs, ou à anéantir ce
dernier par des moyens de résistance fournis
contre lui, son but feroit manqué, & les désordres qui résulteroient de ces erreurs, seroient
les coups les plus funestes pour sa liberté.

D'après ces obſervations & ces principes, je
penſe ,

1°. Que la nation devroit ſeule déterminer
les forces armées qu'elle croiroit devoir entretenir pour ſa défenſe extérieure , & pour aſſurer
les loix, en fixant en même-tems leur nature;
ainſi que les fonds qu'elle jugeroit à propos d'y
employer ; ſans que le roi puiſſe les augmenter
ou les diminuer par l'effet ſeul de ſa volonté.

2°. Que les gardes nationales devroient être
décidées une force publique appartenante à
chaque ville pour ſa tranquilité particuliere ;
qu'elles devroient toujours être ſous les ordres
directs du roi, qui donneroit ſon attache à la nomination de ceux deſtinés à les commander, &
ſervir dans l'enceinte des murs de leur ville ſeulement, conformément aux ordres de la municipalité , mais ſans pouvoir en ſortir, ſi ce n'eſt
avec l'agrément du roi, ou de ceux qui le repré-
ſenteront.

3°. Que les troupes réglées devroient être décidées une force publique appartenante à la totalité du royaume en général , & non à aucune
de ſes parties en particulier, faites pour ſe porter par-tout où leur ſervice pourroit être néceſſaire , & en conſéquence ſuſceptibles d'être com-

posées dans chacun de leurs différens corps ; par
la réunion de tous les citoyens qui voudroient y
servir.

4°. Que toutes ces forces armées ainsi déterminées, devroient être mises exclusivement dans
les mains du roi pour en disposer & les faire
mouvoir à son gré, conformément aux principes
établis pour chacune, pour la sureté générale
de chaque partie du royaume, sauf à restreindre
leur liberté d'agir dans l'intérieur à la nécessité
des requisitions municipales, conformément
au décret prononcé à ce sujet.

CHAPITRE XIII.

Dépenses des armées.

Ces dépenses peuvent se considérer sous deux
points de vue, les unes payables par le trésor public, les autres par les provinces mêmes, comme
tenantes à des localités qu'il seroit impossible
à l'administration ordinaire d'acquitter sans
confusion.

Dépenses
payables
par le trésor
public.

Dans le rapport que j'ai fait à l'assemblée
nationale, j'ai déjà exposé les raisons qui devoient
engager les représentans de la nation à aug-

menter la folde des troupes, trop modique pour leur fubfiftance, & les motifs qui devoient déterminer fa fixation dans chaque grade & dans chaque arme, ainfi que la néceffité de la payer pour tous les jours du mois, en aboliffant l'ufage des 30 jours ; j'ai déjà préfenté les calculs de toutes les maffes tant individuelles que générales ou acceffoires, & de toutes les dépenfes qui tenant à l'enfemble de quelques parties, ou de la totalité du département, ne pouvoient pas être réparties fur les hommes dans cette forme. Je ne répéterai point ici ces détails, & je me bornerai à donner ici la récapitulation fuccinte de toutes ces dépenfes à acquitter par le tréfor public, ainfi qu'il fuit.

Savoir,

		livres.	fols. den.
Appointemens & foldes des troupes.	101 officiers-généraux employés........	1,952,000	
	90 commiffaires des guerres..........	375,000	
	90 régimens d'infant. à 352,522 l. 10 f...	31,727,025	
	Total.........	34,054,025	

	livres.	fols.	den.
Ci-contre.........340,54,025			
11 régimens suisses (1)			
à 497,702....... 5,474,722			
Dépenses particulières			
à quelque-uns seule-			
ment (2)........ 29,600			
Total.........			

(1) Les régimens suisses n'éprouveroient aucune augmentation de traitement, si ce n'est dans leur masse de boulangerie. Je n'ai proposé non plus aucun changement dans leur composition, à cause de leurs capitulations. Il y existe cependant quelques emplois dont il conviendroit d'améliorer le sort. Je voudrois 1°. que le quartier-maître fût payé comme les lieutenans, & porté à 1440 liv. au lieu de 1200 liv.

2°. Que les sous-aides-majors eussent 1500 liv. au lieu de 1200 liv.

3°. Que les porte-drapeaux eussent 1152 l. comme les sous-lieutenans, au lieu de 600 liv.

4°. Que les élèves chirurgiens & les prévôts fussent augmentés.

5°. Qu'on créât un fourier-major par régiment à 36 liv. par mois, pour aider le quartier-maître qui ne peut faire seul le détail de toutes les compagnies.

(2) Pour des aumôniers ou ministres de plus dans 8 régimens, & pour tenir lieu de retraite d'officiers dans le régiment de Steiner.

	livres.	fols.	den.
De l'autre part...	39,558,347		
158 officiers d'artillerie employés dans les places.	512,600		
7 régimens d'artillerie.	3,206,715	9	2
6 compagnies de mineurs.	157,927	15	
9 compagnies d'ouvriers	293,204	12	6
274 officiers du Génie.	684,100		
26 régimens de cavalerie à 382,503 l. 10 f.	9,945,091		
18 régimens de dragons à 374,129 l.	6,734,322		
18 régimens d'huffards &c. à 373,867 l. 12 f. 6 d.........	6,729,617	5	
Total des dépenfes de folde & appointemens (1).........	67,821,925	1	8

(3) Dans cette dépenfe par régiment, font comprifes toutes les maffes de linge & chauffure, générales, de

Les

Les dépenses acceſſoires du département, Dépenſes accéſſoires du départe-ment.
& qui n'ont pu être réparties ſur les hommes
ſont ;

S A V O I R ,

	livres
Pour les étapes, convois militaires & raſſemblemens..........	1,200,000
Pour l'entretien des bâtimens militaires (1)...............	300,000
Pour les dépenſes générales d'adminiſtration (2)...........	1,400,000
Pour les états-majors des places (3).	800,000
Total.....................	3,700,000

boulangerie, d'hôpital, de fourrages, & les dépenſes acceſſoires pour les lits militaires, pour les effets de campemens, & pour les bois & lumieres.

(1) Dans cette ſomme n'eſt point comptis le logement des troupes qui étoit ci-devant à la charge des villes, & qu'il eſt impoſſible de ne pas leur laiſſer localement, voyez ci-après.

(2) Non compris le traitement du ſecrétaire d'état de la guerre que la finance doit fixer.

(3) Suppreſſion faite des gouvernemens généraux & particuliers.

P

	livres.
D'autre part	3,700,000
Pour les compagnies d'invalides détachées & soldés (1)	3,490,000
Pour les maréchaussées (2)	4,341,000
Total	11,531,000

(1) Telles qu'elles existent à présent, & non compris l'hôtel des Invalides.

(2) Y compris les 600 hommes d'augmentation qui ont eu lieu cette année. Le nouvel ordre de choses demande que ce corps reçoive une autre formation ; il seroit peut-être utile d'établir des troupes d'infanterie pour la sûreté des pays de montagnes & de bois. On pourroit sans doute se servir à cet effet des bataillons de chasseurs à pied, dont j'ai proposé la réforme avec peine. Ils pourroient faire ce service en restant militaires, & sans faire partie du corps des maréchaussées ; mais le tems n'est pas encore venu de proposer ces idées en détail ; il faut auparavant connoître les projets de l'assemblée sur la sûreté intérieure du royaume. Lorsqu'ils seront annoncés, on pourra alors donner à ces troupes une formation analogue à la division de la France en 83 départemens ; & sans augmenter la dépense qu'un grand nombre d'emplois inutiles surchargent sans nécessité, il sera facile de multiplier les moyens de protection que chaque canton a droit d'en attendre.

	livres.
Ci-contre.	11,531,000

Pour les travaux de l'Artillerie . . .   3,000,000
Pour les travaux du Génie   2,000,000

Total des dépenses du départe-
ment.   16,531,000

Telles sont les dépenses générales du départe-
tement qui doivent être à la charge du trésor
public :

S A V O I R,

	liv.	f.	d.
Pour les appointemens &			
soldes (1)	67,821,925	1	8
Pour les dépenses acces-			
soires du département.	16,531,000		
Total des dépenses.	84,352,925	1	8

(1) Dans le rapport que j'ai fait à l'assemblée nationale, je les avois portés à 67,822,013 liv. 6 f. 2 d.
J'avois calculé d'après l'évaluation des prix communs par
homme, les fractions seules avoient produit cette légère
différence.

liv.   s.   d.

D'autre part 84,352,925   1   8

Dans mon rapport j'ai calculé que la différence de la folde du complet à l'effectif, les économies fur quelques parties d'une administration auffi confidérable , &c. pouvoient permettre de ne demander qu'une fomme entière fans fractions ; en conféquence j'ai réduit à cet effet 352,925   1   8

Total des fonds à fournir par le tréfor public (1). 84,000,000

---

(1) La nouvelle formation, quelque foit celle qu'il plaife à fa Majefté d'adopter, ne peut pas être faite auffi-tôt. J'avois en conféquence demandé dans mon rapport

Dans le fyftême actuel certaines dépenfes Dépenfes laiffées à la charge des provinces. étoient payées directement par les provinces ou par quelques-unes en particulier, d'autres étoient acquittées par le tréfor royal comme touchant les fonds des impofitions qui y étoient deftinées ; tandis que toutes les autres l'étoient fur ceux principalement affectés au département de la guerre. Il en réfultoit une confufion nuifible à la furveillance ; il étoit effentiel de la faire ceffer. Au moyen des 84 millions demandés ci-deffus, aucunes provinces ne payeroient plus rien particulièrement pour les fourrages, pour les étapes, pour les fortifications ; par la fuppreffion des milices actuelles, elles feroient débarraffées des dépenfes relatives à leur habillement, à leur équipement, à la confervation de leurs effets. Le département de la guerre, au moyen de cette fomme, feroit chargé d'acquitter toutes celles de cette nature, & de pourvoir à tous les approvifionnemens qui pourroient être néceffaires, pour le raffemblement de l'armée auxiliaire ;

---

que le nouvel ordre des chofes commençât au mois de Mai. J'efpérois le 20 Janvier qu'il ne fe pafferoit pas un mois fans que l'affemblée prît une détermination : elle n'eft pas prife encore, cela doit reculer l'époque propofée.

mais il existe encore cependant deux natures de dépenses dont il seroit impossible de débarrasser les provinces, & qui doivent être acquittées localement indépendamment des fonds fournis par le trésor public ; ce sont les levées de l'armée auxiliaire, & les logements des troupes.

Déjà j'ai exposé ci-dessus (1) les raisons qui devoient engager à laisser ces dépenses à la charge locale des provinces ou des villes ; il ne me reste plns ici qu'à calculer leur montant.

Dépenses relatives à l'armée auxiliaire. J'ai proposé dans le chapitre premier que la force de l'armée auxiliaire fût portée à 100 mille hommes, & dans le chapitre 3 qu'il fût accordé par an une somme de 30 liv. à chaque homme tant pour son engagement que pour l'espéce de solde qui lui seroit fixée. Il en coûtera pour les 100 mille, 3 millions. (2)

Dépenses du logement des troupes. Les dépenses du logement des troupes à la charge des villes & des provinces dans l'ancien systême coûtoient à-peu-près tous les ans une

____

(1) Voyez ci-dessus chapitre 3 formation de l'armée auxiliaire.

(2) Voyez ci-après l'économie qui en résultera comparativement avec les frais accessoires de levées des milices actuelles.

fomme de 2,748,000 liv. répartie inégalement fur chacune d'elles, en raifon du nombre de troupes qu'elles étoient chargées de loger, ou des établiffemens militaires qui étoient à leur charge.

Le nombre des officiers généraux employés dans les provinces fera diminué ; celui des officiers particuliers le fera pareillement, les provinces en auront d'autant moins à payer pour cet objet. On penfe avec raifon, d'après les notes qui ont été remifes à ce fujet, que la reduction pourroit bien être d'environ quatre cent mille livres fur ces dépenfes, ainfi je ne les porterai ici par apperçu qu'à la fomme de.........................2,348,000 liv.

Telles font réellement toutes les dépenfes du département de la guerre, elles montent, tant à la charge du tréfor public que localement à celle des provinces.

Totalité
des fonds
acceffoires
au départe-
ment.

S A V O I R,

livres

Dépenfes à la charge du tréfor public.....1...0.............. 84,000,000

P 4

livres.

De l'autre part 84,000,000

Dépenses à la charge des Provinces (1).

Armée auxiliaire 3,000,000

Logemens des troupes 2,348,000

Somme égale 5,348,000

Total général des dépenses du département 89,348,000

Il est à propos de comparer ici ces sommes demandées avec celles qui étoient ci - devant employées aux dépenses du département.

Suivant les états remis par M. Dufresne ; elles montoient à la charge du trésor public, à la somme de 99,091,594

A la charge locale des provinces. 3,577,506

Calculs comparatifs d'économie.

Total général des dépenses du (2). département 102,669,100

(1) Ces dépenses au compte des provinces sont susceptibles de variations, mais vraisemblablement plutôt en moins qu'en plus.

(2) Suivant le relevé exact fait sur toutes les par

(253)

livres.

Ci-contre 102,669,100

Il convient d'y ajouter quelques dépenses locales qui n'avoient point été évaluées, & qui n'auront plus lieu,

S A V O I R ,

1°. Dépenses particulières relatives aux étapes supportées par la province de Bretagne, qui les payoit localement, ou par les troupes voyageantes en Artois, Flandres, &c. où elles n'en recevoient pas, évaluées à   400,000

2°. Dépenses accessoires des frais

Total 103,069,100

───────────────

ties de dépense, elles avoient monté pour 1788, à 103,286,461 liv. la différence des états de M. Dufresne avec ces relevés est en moins de. . . . . 617,361 liv.

livres.

De l'autre part 103,069,100

de levées & tirages des mi-
lices 5,862,000 (1)

Total général des dépenses réelles
du département 108,931,100

---

(1) Dépenses accessoires des levées des
milices actuelles pour frais d'affiches,
de proclamations, nourriture des jeunes gens venant au lieu du tirage,
pertes de leurs journées, évaluées par
an à 48 liv. par paroisses, ci pour
44 mille. .... 2,112,000 liv.

Frais de la bourse commune dont quelqu'unes montoient à 4, 5, & 600 liv.
évaluées l'une dans l'autre à 300 liv.
pour 12500 miliciens tirés tous les
ans. .... 3,750,000 liv.

Total .... 3,862,000 liv.

Les dépenses de l'armée auxiliaire ne
sont portées que pour .... 3,000,000 liv.

L'économie au profit des provinces seroit sur cette partie de .... 2,862,000 liv.

livres.

Ci-contre..................... 108,931,000

Il convient d'en déduire les différentes dépenses qui, quoique
cessantes d'être au compte du
département, ne continueront
pas moins d'être une charge
publique. Elles sont portées à
l'état de fonds de 1789,
pour....................(1).. 6,888,956

Reste comparativement pour les
fonds anciens....o........ 102,042,144

Les dépenses suivant l'état ci-
dessus, ne seroient que de.. 89,348,000

L'économie réelle seroit de .. 12,694,144

(1) Maison militaire du roi........ 5,463,811 liv.
Traitement de réforme de la gendar-
merie.................... 537,177 liv.
Traitement du ministre.......... 236,143 liv.
Gages des commissaires des guerres.. 651,825 liv.

Total.................... 6,888,956 liv.

livres.

De l'autre part............ 12,694,144

Les augmentations de folde accordées à tous les grades formeroient une économie , fi
elles n'avoient pas lieu. Elles
font calculées à.......... 6,500,000

Total général des économies tant
réelles que réfultantes des augmentations 19,194,144

Indépendamment de toutes ces dépenfes, il
en doit exifter une que tous nos cœurs défirent
certainement de voir augmenter, au lieu de chercher à la réduire. Si les vertus de notre monarque le mettent au-deffus de cet appareil impo-
fant de grandeur, dont tant d'autres rois ont
befoin pour fe faire refpecter ; fi l'amour de fes
fujets eft la meilleure garde pour veiller à fa
fûreté perfonnelle, il n'en doit pas être moins
intéreffant pour des François, d'entourer fon
trône de l'éclat qui lui eft dû.

La maifon militaire du roi, fucceffivement
réduite, fe trouve aujourd'hui prefqu'anéantie.

Il convient sans doute de lui rendre une splendeur proportionnée à un aussi grand empire; mais les desirs personnels du roi à ce sujet ne sont pas connus, c'est à lui à les manifester, c'est aux représentans de la nation à les prévenir, c'est à eux (ce sentiment est certainement dans leur cœur,) à s'écarter même des bornes dans lesquelles sa simplicité & son économie le porteroient à se renfermer. Je ne me permettrai de proposer aucun plan détaillé à cet effet.

La dépense de la maison militaire du roi, montoit en 1789 à 5,463,811 liv. Je pense qu'en la portant à 6,000,000 liv. elle pourroit avoir l'éclat analogue à la dignité d'un roi des François, & former réellement une véritable force militaire susceptible d'augmenter celle des troupes de ligne en la faisant servir comme elles (1).

---

(1) Aujourd'hui la maison militaire du roi, n'est composée que de 4 compagnies des gardes-du-corps, souvent insuffisantes pour le service, & hors d'état à présent de former une brigade à la guerre, des cent suisses & du régiment des gardes-suisses ; en laissant subsister les corps existans, je voudrois l'augmenter d'une troupe en état de former une brigade à la guerre avec les gardes-

Toutes les opérations ci-deſſus réformeront des
officiers , tous mériteroient des dédomagemens
pour la perte de leur état , & pour récompenſe
de leur ſervice ; quelqu'uns auroient droit à des
indemnités , en raiſon de la partie de leur fortune qu'ils auroient pu emploier pour des levées de régimens ou de compagnies faites à leurs
dépens. Quelques uns malgré les augmentations
de traitemens accordées à tous les grades , pourroient ſe trouver n'en pas profiter , & perdre
même ſur les appointemens qu'ils avoient , ils
devroient en être dédommagés (1). Pluſieurs

---

du-corps , d'une brigade d'infanterie françoiſe , & d'une
brigade de troupes à cheval. Ces deux derniers corps
ſerviroient toujours par moitié dans les garniſons où ils
deviendroient réellement militaires. Leur création mettroit à même de remplacer beaucoup d'officiers , victi-
mes des réformes déjà faites ou de celles à exécuter. On
pourroit les former d'officiers auxquels on impoſeroit
l'obligation d'avoir déjà ſervi précédemment , & de
ſoldats ou de cavaliers tirés de tous les régimens de l'armée dans leurs armes. Par ce moyen ces corps ſeroient
réellement compoſés de ſujets ſurs & connus , & en les
traitant bien , l'eſpoir d'y arriver deviendroit une récompenſe & un objet d'émulation.

(1) Les chefs d'eſcadron des troupes à cheval ſeront

avoient des finances, ils devroient être rem-
boursés, ces propositions ne demandent aucune
réflexion; mais comment se feront ces rembour-
semens, comment se feront ceux des emplois
qui continueront à exister, & dont j'ai proposé
ci-dessus de supprimer la vénalité à cause des
obstacles qu'elle apportoit dans la gradation de
l'avancement, enfin remboursera-t-on les finances des emplois qui seroient conservés, si elles
n'apportoient aucun embarras dans la hierarchie
militaire, rélativement aux droits de l'ancienneté; ce sont trois questions qui me restent à
examiner.

Les finances des emplois militaires ont été
fournies à l'état qui en a profité, elles font réellement partie de ses dettes, & font aussi sacrées
que les autres.

Celles des emplois supprimés doivent être
acquittées par le tréfor public, tant en intérêts

---

dans ce cas. Il devroit paroître juste, quoiqu'ils repren-
nent leurs compagnies, de leur conserver tant qu'ils
existeroient capitains le traitement quils avoient auparavant comme chefs d'escadrons, soit par leurs appointemens, soit par la double ration de fourrage qui leur
étoit accordée.

qu'en capitaux , & les arrérages doivent être payés avec exactitude jusqu'au moment du remboursement ; il ne peut exister aucune difficulté à cet égard.

Il n'en est pas de même rélativement aux intérêts des finances des emplois conservés en activité, ou maintenus à la suite de quelques corps de troupes à cheval. En détruisant leur vénalité, il est incontestable que le capital de leurs finances est dû par l'état. Jusqu'ici les intérêts en ont toujours été payés confusément avec les appointemens, ou , d'après les conditions des créations, ne l'étoient point du tout, si ces charges ne donnoient point de traitement, telles que les places de capitaines réformés ou de remplacemens créés à finances.

Continuer de faire acquitter les intérêts par les appointemens , c'est établir pour ceux qui auroient payé, un traitement moindre que pour ceux, qui d'après les nouveaux arrangemens obtiendroient ces places sans finances, mais d'un autre côté les en séparer pour faire acquitter ces arrérages par le trésor public, c'est augmenter ses charges. Si ce dernier parti est fâcheux pour l'économie, l'autre devroit paroître injuste, & c'en est assez sans doute pour le faire rejetter. Les

finances

finances de ces emplois, par une ordonnance déjà rendue à cet effet, ont été réduites succeſſivement par la perte du quart impoſé à chaque mutation. Les titulaires actuels pour la plupart devoient la ſupporter lorſqu'ils auroient été dans le cas de les quitter. Les remboursera-t-on de la ſomme qu'ils ont payée, ou ſimplement de celle portée en leur brevet de retenue ; c'eſt encore une queſtion incidente à examiner. Il ne ſeroit pas juſte ſans doute de mieux traiter les titulaires actuels que ceux qui, en les précédant dans ces emplois, ont déjà ſupporté cette perte. Il faut ou rembourſer la totalité de la première finance de la charge, pour en reſtituer le prix à ceux qui en auroient perdu quelque partie, ou faire ſupporter à ceux qui en ſont à préſent pourvus, la même perte que leurs prédéceſſeurs, & celle à laquelle ils s'étoient ſoumis eux-mêmes. Le premier parti doubleroit peut-être les rembourſemens, cette perte avoit été conſentie par ceux qui l'ont ſupportée ou qui devroient l'éprouver ; elle leur aſſuroit cette partie de leur finance en cas de mort, l'opération n'étoit donc pas injuſte, & je penſe d'après ces réflexions que le dernier parti doit être préféré.

Quant aux charges conſervées, dont les finances ne dérangent rien à l'ordre de l'avancement, je penſe qu'il n'y auroit aucune difficulté à ne point impoſer pour ce moment au tréſor public la charge de les rembourſer, & qu'en conſervant leurs finances, on peut très-bien ſans inconvénient continuer d'en confondre les intérêts avec les appointemens qui leur ſont accordés.

Montant
&c. Pour faire connoître le montant de toutes les finances des emplois militaires dans ces trois claſſes, je vais ſuivre le rapport qui en a été fait à l'aſſemblée nationale par le comité des finances, & les préſenter ici dans l'ordre dans lequel je les ai rangé ci-deſſus. Elles conſiſtent :

S A V O I R,

1°. Finances des emplois réfor-
més (1) 12,800,000

-----

(1) Lieutenances générales ou gouver-
nemens de province . . . . 3,000,000 liv.
Emplois du ci-devant régiment des
gardes françoiſes . . . . 7,400,000 liv.
Charges des colonels généraux d'infan-
terie, de cavalerie, dragons, huſ-
ſards . . . . 1,800,000 liv.
Places des maréchaux des logis de l'ar-
mée & de la cavalerie . . . . 600,000 liv.

Toral . . . . 12,800,000 liv.

2°. Finances fupprimées des emplois confervés (1)......... 23,000,000
3°. Finances maintenues des emplois confervés (2 2,000,000

Total des finances militaires.... 37,800,000

D'après ces obfervations je penfe ,

1°. Que lorfque l'organifation du militaire fera convenue & décidée, il devroit être dreffé un état nominatif de tous les officiers réformés, dans tous les grades fufceptibles d'obtenir quelques dédommagemens pour la perte de leur état, récompenfes de leurs fervices, ou traitemens de réforme, en attendant leur remplacement.

---

(1) Charges des commiffaires des guerres...................... 12,000,000 liv.
Places des colonels de l'armée & des capitaines tant en activité que de réforme des troupes à cheval réduites par la perte du quart fur quelques-unes. 10,000,000 liv.

Total...................... 2,000,000 liv.

(3) Places des capitaines des compagnies des gardes du corps.........

2°. Qu'il devroit de même être dreffé un état de tous ceux qui, en raifon de leurs réformes ou fuppreffions pourroient être fondés à réclamer des indemnités en raifon d'une partie de leur fortune qu'ils auroient facrifiée à la levée de quelques corps ou compagnies qui, n'ayant point de finance, fe trouveroient dans le cas d'être en perte pour eux fans rembourfement.

3°. Que ces deux états, ainfi dreffés, devroient être remis au comité des finances, afin de mettre l'affemblée nationale en état de prononcer fur les traitemens ou indemnités à accorder, & en ordonner le paiement fur le tréfor public, chargé de la liquidation des dettes de l'état, & des récompenfes de fervice à accorder par lui.

4°. Que les dépenfes pour la maifon militaire du roi, ou relatives aux traitemens de réforme des officiers du corps ci-devant réformé de la gendarmerie, à ceux accordés à quelques officiers entretenus dans les places, à celui du miniftre de la guerre, & aux gages attachés aux charges de commiffaires des guerres, indépendamment de leurs appointemens comme repréfentatifs des intérêts de leurs finances, comprifes ci-devant dans l'état des fonds de la guerre pour 6,888,956 liv., devroient en être rejettées comme n'en faifant pas réellement partie, & être acquittées par le tréfor public, d'après les nouveaux arrangemens qui feroient pris en conféquence fur l'avis du comité des finances.

. 5°. Que la liquidation des finances de toutes les charges & emplois fupprimés, devroit être faite par le tréfor public, chargé d'en payer les intérêts jufqu'au remboursement.

6°. Que la liquidation des finances des emplois confervés , mais dont la vénalité a été fupprimée, affujettie ci-devant à la perte du quart à chaque mutation, devroit être faite , fuivant ces principes , par le tréfor public , conformément aux brevets de retenue obtenus à cet effet, & que les intérêts devroient en être payés par lui, nonobftant les appointemens qui pourroient être accordés aux titulaires , jufqu'au moment du remboursement.

. 7°. Que les places de capitaines des compagnies des gardes-du-corps, pouvant feules continuer à avoir des finances, fans inconvénient, pour l'avancement militaire par ancienneté , devroient feules les conferver jufqu'à nouvel ordre, & qu'en attendant, les intérêts devroient continuer à leur en être payés comme par le paſſé, cumulativement avec le traitement à eux accordé.

8°. Enfin que les états de toutes les dépenſes rejettées ſur le tréſor public, ou des finances, des rembourſemens deſquelles il ſeroit chargé, tant en capitaux qu'en arrérages, conformément aux art. 4, 5 & 6 ci-deſſus, devroient être remis au comité des finances pour prendre à ce ſujet les arrangemens néceſſaires.

CHAPITRE XIV.

Adminiſtration des fonds du département de la Guerre.

L'ADMINISTRATION générale des fonds aſſignés au département de la guerre, ſe diviſe en deux parties :

1°. Adminiſtration intérieure des corps pour la portion des fonds qui leur en ſera remiſe directement.

2°. Adminiſtration générale, dont le miniſtre doit être chargé.

Je ne chercherai point ici à traiter cette matière dans tous ses différens détails: ils seroient trop compliqués. Je me bornerai à présenter des idées générales de principes sur les plus importans.

L'administration intérieure des corps se divise en deux parties distinctes & séparées, faites pour se servir mutuellement de preuves. La première, appellée *mouvement*, comprend tout ce qui intéresse les augmentations ou pertes d'hommes; la seconde, appellée *finance*, renferme toutes les différentes recettes & dépenses faites, soit pour l'entretien du régiment, soit pour le compte particulier des individus qui le composent.

Pour qu'une administration soit bien établie, il faut qu'elle emploie également tous ceux qui doivent y coopérer; ils doivent l'être graduellement, & tous les détails passant successivement & partiellement par différentes mains, doivent arriver ainsi jusqu'à celui qui, par sa place, doit les réunir tous; celui-ci ne doit être, par ce moyen, que le vérificateur des comptes partiels, chargé d'en présenter l'ensemble au conseil qui doit diriger l'administration totale du régiment.

D'après ces principes, chaque capitaine, premier chef de sa compagnie, soit qu'il l'administre pour son compte ou pour celui du roi, doit y être chargé de tous les détails relatifs aux mouvemens & aux finances; il doit en tenir tous les comptes, les rendre partiellement, & ceux dont le quartier-maître doit être chargé vis-à-vis du conseil, ne doivent être que la réunion de tous ceux rendus par les compagnies qui composent le régiment. Par ce moyen, les comptes des capitaines contrôlent ceux du quartier-maître, comme les comptes de celui-ci contrôlent ceux des compagnies, dont il présente les résultats (1).

---

(1) Dans les dernières ordonnances on a trop compliqué les détails. Un seul regiftre à cordons, renfermant les différens états à colonnes néceffaires pour le mouvement, & pour la finance, & un seul regiftre de fignalement & de comptes ouverts par homme, suffiroient par compagnie. Le quartier-maître ne feroit obligé pareillement qu'à un feul regiftre pour réunir le mouvement de toutes les compagnies, & à un feul journal pour toutes les recettes & dépenfes du régiment. S'il avoit enfuite d'autres regiftres partiels pour les différentes parties, ce feroit pour la plus grande commodité de fa comptabilité particuliere. Ils ne font point indifpenfa-

Les compagnies doivent-elles être rendues aux capitaines, & dans ce cas doivent-ils en avoir l'administration individuellement ou collectivement? Ce sont deux questions importantes à examiner.

Tous les détails financiers ne peuvent que détourner des occupations de la tactique & de la discipline, ou introduire dans les corps un esprit de cupidité bien contraire à celui qui doit animer le militaire. Si tous les hommes étoient assez délicats pour ne pas faire dépendre le degré de leur zèle, de leur amour propre, ou de leurs intérêts, si les soldats mêmes n'étoient pas aussi persuadés que les administrations des chefs plus éloignées d'eux, & dont ils ne peuvent souvent connoître les détails

Compagnies &c.

---

bles, & il pourroit à la guerre n'emporter avec lui que son journal, & par la manière simple dont il seroit tenu, il pourroit un an après se retrouver en état de remettre en ordre tous ses registres particuliers. J'en ai fait l'expérience dans les régimens de Royal & de Picardie où j'ai établi cette forme avec succès, d'après les principes que j'avois pris dans le régiment de Béarn où j'avois servi comme colonel en second sous les ordres de M. le marquis de Crenolle, qui passoit avec raison pour un des meilleurs colonels de l'armée.

ne leur font pas auffi favorables que celle d'un capitaine, qu'ils regardent comme plus paternelle; enfin, fi les chefs eux-mêmes pouvoient toujours, en fongeant à l'avantage général du régiment, ne pas bleffer quelquefois les intérêts des particuliers, je n'héfiterois pas à prononcer que toutes les troupes doivent toujours continuer à être entretenues au compte du roi : mais, dans ce moment-ci, où une partie des liens qui réuniffoient les foldats à leurs officiers font rompus par l'effet même des ordonnances qui les en avoient trop féparés, dans un moment où il exifte des abus de tout genre à corriger; enfin, dans un inftant où les effets d'une confiance réciproque pourroient peut-être rétablir l'ordre d'une manière plus certaine que les moyens de févérité, je penfe qu'il n'y a pas à héfiter, & que les compagnies devroient être rendues à l'adminiftration des capitaines, afin d'attacher encore plus les foldats & les officiers par les liens d'un intérêt commun.

Tous les hommes n'ont pas un zèle égal , & une furveillance pareille dans des affaires qui ne les regardent pas perfonnellement, ils s'en repofent volontiers les uns fur les autres; & fouvent une adminiftration divifée fe trouve négli-

gée , parce qu'elle n'intéreſſe perſonne plus particulierement ; c'eſt un premier inconvénient qui
doit empêcher de rendre les compagnies collectivement. Si tous les capitaines d'un régiment au
contraire, mettoient un zèle égal dans cette adminiſtration commune, ſi leur intérêt particulier
les occupoit au même point, ils pourroient ſouvent peut être par la réunion de leurs volontés,
apporter plus d'obſtacle à l'exécution des ordres
d'un chef qui n'auroit en vue que les intérêts généraux du régiment qui lui eſt confié, & qu'il
ne doit jamais laiſſer ſacrifier à ceux des particuliers, que ne pourroient faire des individus
ſéparés ; c'eſt encore une raiſon qui me paroît
devoir s'y oppoſer : mais, dira-t-on, l'adminiſtration d'une troupe telle que ſeront les compagnies à la guerre, ſera au-deſſus des facultés
d'un ſeul homme ſouvent peu riche, s'il lui
arrive des pertes extraordinaires. Elles ſeroient
plus légeres & plus facilement réparées ſi elles
intéreſſoient également la totalité des capitaines ;
cela peut être, mais l'état devra toujours fournir des ſecours, ou accorder des facilités à ceux
qui pourroient être dans le cas de les réclamer,
à cauſe de malheurs imprévus : l'adminiſtration
des parties qui regardent les chevaux dans les

troupes à cheval, peut feule occafionner des pertes confidérables : celle des détails qui n'intéreffent que les hommes, ne peut jamais être à charge aux capitaines ; ils feront mieux foignés par un feul que par tous : cette raifon feule me paroît décifive.

D'après ces obfervations, je penfe,

1°. Que les compagnies pour ce qui regarde le foin des hommes, dans toutes les troupes, tant à pied qu'à cheval, doivent être rendus individuellement à leurs capitaines, & qu'ils doivent en conféquence être chargés de recevoir tous les fonds qui les intéreffent, fauf à les entretenir, ou à leur en compter à chacun, fuivant les détails qui feront fixés par l'adminiftration.

2°. Que les compagnies ne doivent être rendues que collectivement dans les troupes à cheval pour tout ce qui concerne les chevaux, leur remplacement, leur nourriture, & leur harnachement ; & qu'en conféquence, un confeil compofé de capitaines choifis par eux, doit en adminiftrer les détails fous les ordres du chef, & fous l'infpection du confeil d'adminiftration du régiment, conformément aux réglemens qui feront faits à ce fujet. Tous les fonds affignés aux régimens, tant pour leur folde, que pour Verfemeñ &c. les différentes maffes particulieres, générales ou acceffoires, doivent être payés réellement, ou au moins cenfés remis à chacun ; mais il eft quelques parties de maffes dont le roi devroit fe retenir l'adminiftration particuliere, foit en raifon des différens avantages qui en pourroient réfulter pour fon fervice, foit à caufe de l'impoffibilité dans laquelle les corps feroient de fe fournir quelques parties, foit enfin à caufe de la néceffité d'affigner à chaque régiment, pour certaines dépenfes, des fonds relatifs aux prix locaux de leurs garnifons qui ne permettroient pas que tous fuffent traités de la même maniere.

La partie de fonds que les troupes devroient recevoir directement, font,

1°. *La folde ou les appointemens des officiers.* Cette partie ne devroit être payée qu'à l'effectif, fuivant les revues des commiffaires des guerres, tant aux préfens qu'aux abfens : la folde des bas-officiers & foldats devroit l'être fur le pied de trois cents foixante-cinq jours par an.

2°. *La maffe de linge & chauffure.* Elle de- Maffe &c. vroit toujours être payée au complet aux capitaines, fauf à eux à en faire le décompte à chaque homme effectif auquel elle doit appartenir individuellement.

Masse générale. 3°. *La masse générale.* Je voudrois que de même toujours payée au complet, elle fût séparée en quatre parties, 1°. pour le recrutement ; 2°. pour les faux frais : les fonds relatifs à ces deux premieres dépenses seroient à la disposition du capitaine ; 3°. pour les réparations d'habillement, d'équipement & d'armement : — Je voudrois que la somme affectée à ces objets, formât une masse particuliere par homme dont le décompte seroit fait aux effectifs réels, comme pour la masse de linge & chaussure. C'est le moyen le plus certain d'engager les soldats à menager leurs effets d'habillement & d'armement, que de leur donner un intérêt à leur conservation.

4°. Enfin pour l'habillement & l'équipement, je voudrois que le roi se retînt l'administration de cette partie (1) pour le faire fournir en na-

---

(1) Lorsque les régimens se fournissent eux-mêmes, le commerce des différentes manufactures du royaume ne peut être encouragé. Tous se portent sur la même. Cinq ou six fabriquans plus aisés y accaparent les marchandises de ceux de leurs confreres qui ne peuvent at-

ture aux régimens qui ne feroient chargés que de la confection, dont on leur rembourferoit les façons ; mais je voudrois auffi que chaque partie d'habillement appartînt à chaque homme, pour en difpofer après le tems qui feroit déterminé par l'ordonnance, & qu'en conféquence chacun fût habillé de droit à fon tour, & pût par ce moyen profiter des fruits de fon économie. (2)

---

tendre les époques des livraifons à faire aux corps, & ils deviennent ainfi les feuls fournifTeurs. Par ce moyen les prix hauffent à leur volonté, & rien ne peut y fouftraire les régimens ; enfin lorfqu'ils fe fournifTent euxmémes, le roi ne peut pas avoir des magafins d'aprovifionnemens pour des cas imprévus ; il faudroit qu'il fit des fonds extraordinaires à cet effet, tandis qu'en adminiftrant cette partie, il peut s'en procurer fur les feuls fonds courans. Que feroit devenu le fervice cette année, fi le roi n'avoit pas eu des approvifionnemens audela des befoins ; que feroient devenus les régimens qui fe feroient vu enlever, pour des ufages qui leur étoient étrangers, des fournitures fur lefquelles ils auroient compté pour leurs réparations ?

(2) Rien n'eft affligeant pour certains foldats, comme d'être condamnés à ne porter que des habits vieux & fouvent en mauvais état, lorfqu'ils en voyent donner de neufs à d'autres de leurs camarades, avant les termes de remplacemens prefcrits. Cet ufage de certains régimens

L'adminiſtration générale du département de la guerre, doit embraſſer toutes ſes dépenſes.

J'ai déjà rendu compte ci-deſſus de la partie des fonds qui devroient être remis aux regimens. (1) Je vais ſuivre de la même maniere

---

de traiter ainſi d'une maniere différente les hommes en raiſon de leur tournure, eſt humiliante pour ceux qui n'y participent pas avantageuſement, & une des principales cauſes des dépériſſemens de l'habillement. Les uns toujours ſurs par leur taille d'en avoir un neuf dès que le leur commence à s'uſer, ne le ménagent pas, & les autres le gaſpillent, dans l'eſpérance d'en avoir un meilleur. C'eſt à l'ordonnance à preſcrire les détails à ce ſujet.

(1) Je penſe que cette remiſe de fonds dans les provinces où les régimens ſont établis, pourroit ſe faire d'une manière moins compliquée & moins diſpendieuſe ; chaque département aura ſans doute ſes receveurs particuliers, pourquoi faire venir leurs fonds à Paris à grands frais, pour de là, les faire repaſſer de même dans les provinces à d'autres tréſoriers chargés de payer les troupes ? C'eſt leur accorder des remiſes inutilement. Les fonds des provinces ſeront connus ; le miniſtre de la guerre pourroit dreſſer l'état des paiemens à faire dans chacunes en raiſon du nombre des troupes. Ces tréſoriers particuliers pourroient les acquitter, & renvoyer pour comptant au tréſor public les quittances mêmes des régimens. Il ne faut à cet effet que changer la forme des comptes actuels.

ceux

ceux dont le ministre doit se réserver la direction, & présenter mes réflexions sur les moyens
que je pense qu'il devroit employer à cet
effet.

1°. *L'habillement & l'équipement.* C'est à lui Habillement.
à faire faire les emplettes des fournitures nécessaires à ce service. Persuadé que les régies
intéressées, en raison des dépenses, sont chères
& abusives, je ne voudrois pas ce moyen. Des
administrateurs, avec des traitemens fixes, y
conviendroient mieux (1).

2°. *Les fournitures de pain.* —— Avec une Vivres.
masse égale, que les régimens administreroient
eux-mêmes, ils ne pourroient pas être traités
de la même manière, dans tous les pays qui
n'offrent pas d'égales ressources pour les bleds.
Si les régimens les achetoient par leurs soins,
ils pourroient éprouver de grands embarras, &
souvent causer des disettes dans certaines pro-

---

(1) Quoique chargé dans ce moment-ci de cette
partie, dont le service est monté dans cette forme,
quoiqu'ayant contribué à son établissement, je suis loin
de la soutenir dans ses moyens actuels; j'en sens les abus,
mais je pense qu'ils sont faciles à corriger. Ces détails
appartiennent à une ordonnance pour l'habillement, &
mon but n'est pas de traiter ces détails.

R

vinces où ils feroient plus rares. Une adminiftration générale peut feule profiter des avantages qu'offrent à cet effet toutes les différentes
parties du royaume; d'ailleurs il eft auffi néceffaire d'en avoir des magafins. Une adminiftration divifée entre tous les corps ne donneroit
pas les facilités pour les avoir auffi confidérables que la prudence pourroit le demander ,
foit pour les premiers momens d'une guerre ,
foit même pour venir au fecours de quelques
provinces, pendant la paix, dans des momens
de difette. Les befoins calculés du tréfor public
ne pourroient pas fouvent fournir les fonds extraordinaires pour les former.

Je penfe donc que pour ce fervice qui peut
& doit même fouvent exiger des fonds d'avance, il fau. une compagnie d'entrepreneurs, &
je la regarde comme d'autant plus néceffaire,
que ce fervice à la guerre ne pourroit fe faire
fans ce moyen, qu'il demande alors des hommes habitués à ces détails, & qu'il feroit bien
effentiel de les y former pendant la paix. Je
voudrois qu'ils fiffent les achats, qu'ils les dif-
tribuaffent en grains aux régimens , & que
ceux-ci fuffent chargés des montures & des ma-
nipulations de boulangerie , au moyen d'un

prix fixe qu'on leur passeroit par sacs. En rece-
vant en grains, les régimens n'auroient plus lieu
de suspecter la fidélité des mélanges; en ma-
nipulant eux-mêmes, ils n'auroient point à se
plaindre des cuissons, & il en résulteroit l'a-
vantage que chaque corps, en entrant en campagne, seroit en état de fournir aux fours de
l'armée un certain nombre de boulangers au
fait de cette manipulation.

3°. *La masse des hôpitaux.* —— Entreprendre de n'avoir que des hôpitaux au compte
du roi, c'est s'obliger à les multiplier, en raison
de toutes les villes où il faudroit des troupes, ou
les exposer à ne les avoir pas toujours à leur
portée pour y envoyer leurs malades , c'est
courir le risque de payer des journées fort
cher pour des infirmités légères qui se gué-
riroient souvent plus promptement dans des infirmeries particulières. Vouloir n'entretenir que
des hôpitaux régimentaires, c'est se priver de
la possibilité de former des sujets, qui ne peuvent acquérir de l'expérience que dans de
grands établissemens, & exposer certaines maladies à ne pouvoir être traitées par l'impossibilité de se procurer des établissemens assez
commodes, ou la contagion à se communi-

Service des
hôpitaux.

R 2

quer, faute de pouvoir féparer les malades qui
en feroient atteints ; enfin donner la préférence
exclufive aux hôpitaux de charité établis dans
les villes, c'eſt ſe mettre dans leur dépendance
pour les prix, & s'expofer quelquefois à ne pas
trouver des établiſſemens ſuffiſans pour les malades à y envoyer. Je voudrois donc que le
roi entretînt à ſes frais dans des grandes villes
de grandes garnifons un certain nombre d'hôpitaux du premier ordre pour y former des
Sujets ; qu'il fît des marchés avec les hôpitaux
de charité qui ſe trouveroient dans les autres
villes ; & que dans celles où il n'y en auroit
pas de convenables, les régimens fuſſent chargés de la totalité de leurs malades. Malgré ces
hôpitaux, je voudrois que chaque régiment
eût ſon infirmerie particulière (1) pour traiter
des maladies légères ; & que quels que fuſſent
les moyens d'hôpitaux employés, chaque régiment reçût un abonnement (2) adminiſtré

---

(1) Les infirmeries régimentaires utiles pour les maladies légères, le feroient encore pour recevoir les con-
valefcens qu'il eſt dangereux de laiſſer dans les hôpitaux où la contagion les reprend, & qui cependant
fouvent en en fortant, ont encore befoin d'un régime.

(2) Par le moyen de cet abonnement, on diminue-

dans chaque compagnie par son capitaine, pour payer conjointement avec la solde qu'il retiendroit, toutes les journées des hommes, soit aux grands hôpitaux, soit à ceux de charité, soit aux infirmeries du régiment, ainsi que les appointemens & traitemens des chirurgiens-majors, tels qu'ils seroient fixés; & qu'en conséquence le roi, sur l'administration générale de cette masse, en fît payer à chaque régiment la portion destinée à l'abonnement déterminé, en raison des pays plus ou moins chers, & que le reste servît à l'entretien des grands hôpitaux, & aux dépenses d'administration de ce service.

4°. *La masse des effets de campemens* — C'est au ministre à ordonner les quantités de ces effets qui doivent être déposés en réserve dans les magasins principaux, ou délivrés aux troupes pour leurs rassemblemens. Il pourroit confier ce service à des administrateurs comme celui de l'ha-

Effets de campemens.

---

roit beaucoup les journées inutiles d'hôpitaux. Chaque capitaine administrant à son compte, auroit alors intérêt à n'y pas laisser aller pour des incommodités qui n'en vaudroient pas la peine; les infirmeries régimentaires suffiroient à cet effet.

R 3

billement. Il eft indifpenfable que dans le nombre il y en ait un de militaire, afin que toutes
les parties fe correfpondent, & foient approvi-
fionnées dans la proportion qui eft néceffaire au
fervice de campagne.

Fourrages.

5°. *La maffe des fourrages —* Si tous les régimens avoient à leur difpofition la maffe deftinée à ce fervice telle qu'elle a été fixée par un
apperçu de prix communs, les uns auroient au-
delà de leurs befoins, tandis que les autres , en
raifon des prix plus chers dans certains pays,
n'auroient qu'une fomme qui leur feroit infuf-
fifante. Il me paroît donc néceffaire que le roi
en retienne l'adminiftration , afin de donner plus
aux uns & moins aux autres fuivant les provinces. Des entreprifes ou régies générales, de quelque maniere qu'elles foient combinées, me paroiffent dangéreufes. Une compagnie éloignée des
endroits où elle doit fournir peut fouvent être
trompée , elle fait des fous-traités pour s'affurer
des bénéfices. Ses frais d'adminiftration font difpendieux en raifon de la quantité d'agens qu'elle
eft obligée d'employer au loin; il n'en peut réfulter qu'un mauvais fervice pour les troupes,
ou que des dépenfes plus confidérables pour
l'état; je défirerois que toutes les troupes à che-

val puſſent être chargées de leurs fourrages ;
les compagnies appartenantes collectivement
aux capitaines, ce ſeroit un moyen de plus pour
les bien entretenir ; mais cependant dans certaines
provinces militaires qui contiennent pluſieurs
régimens, la quantité des chevaux qu'ils auroient
à nourrir, pourroit occaſionner la diſette, & ce
ſeroit alors qu'il faudroit peut-être chercher à
profiter des reſſources des autres pays qui pourroient en offrir. Il ſeroit bien difficile aux régimens d'en tirer parti par eux-mêmes.

Je voudrois donc que dans toutes les provinces militaires qui contiennent pluſieurs régimens
de troupes à cheval, il y eût un entrepreneur
particulier, & que les marchés à lui paſſer le
fuſſent publiquement d'après les prix du pays
conſtatés par les municipalités & les aſſemblées
du département ; les commiſſaires des guerres
chargés de la police des troupes pourroient être
commis à cet effet. Enfin je voudrois que dans
toutes les autres provinces les troupes euſſent
cette adminiſtration, & reçuſſent un prix fixé
par ration, en raiſon de la valeur des denrées,
conſtaté de la même maniere que ci-deſſus, lequel leur ſeroit payé extraordinairement d'après
les ordres de l'adminiſtration chargée de cette
partie.   R 4

Lits mili-
taires.

6°. *La masse des lits militaires* — Il est impossible que les régimens en soient chargés. Ce
service exige des fournitures toujours prêtes à
porter dans chaque ville, en raison du nombre
de troupes. Elles ne sont pas toujours établies
d'une maniere fixe dans les provinces, les marchés à faire à ce sujet ne peuvent donc être que
généraux.

Bois & lu-
mieres.

7°. *La masse de bois & lumieres* — C'est une
des parties du service dans laquelle il existe le
plus de confusion, à cause de celle qui résultoit
de ces fournitures faites particulierement au
compte de quelques villes ou de quelques provinces. Au moyen du parti proposé de calculer
ces dépenses, par forme de masses applicables à
chaque homme, je voudrois que les corps en fussent chargés eux-mêmes, & qu'un traitement
plus ou moins fort par hommes & toujours au
complet, fût affecté à chaque capitaine en raison du prix du pays. Je voudrois encore que
ces masses fussent partagées en deux parties,
l'une pour le chauffage des chambrées, l'autre
pour les bois & lumieres des corps-de-gardes.
Ces fournitures pourroient être faites en exécution de marchés locaux passés dans chaque ville
par les commissaires des guerres & les régimens

aidés des municipalités. Cette forme me paroît de nature à détruire les anciens abus.

8°. *Les étapes & convois militaires* — Il en est de ces parties comme des autres entreprises générales, elles sont sous-traitées par provinces, & ensuite par lieux de passage ; il est difficile que les troupes puissent voyager sans cet établissement. Sans lui, elles ne seroient pas toujours assurées de leur subsistance en route ; mais pourquoi ne pas faire des adjudications locales, afin de n'avoir pas à payer les bénéfices des entrepreneurs généraux, des entrepreneurs particuliers & des fournisseurs locaux ? Pourquoi ne pas supprimer ces places de bouches & de fourrages accordées suivant les grades, qui font un bénéfice inutile pour les entrepreneurs, par des rachats qui n'ont d'autre base de leurs fixations que leur volonté unique puisqu'ils sont défendus, & qui seroient remplacés plus avantageusement pour les officiers & les bas-officiers par des équivalens en argent? Pourquoi des entrepreneurs séparés pour les transports directs à des prix différens des transports ordinaires des autres effets ? pourquoi ces chevaux de selle payés si cher par le roi & par les officiers , tandis que ces derniers, au moyen d'une somme qui leur feroit accordée à cet effet, pourroient s'en procurer qui leur feroient plus commodes ? Enfin comment faire voyager des troupes fur des or-donnances qui ont autant vieilli , qui n'ont plus de rapport à leur formation, & fur des routes tracées dans un moment où les grands chemins qui font aujourd'hui la comodité du royaume n'exiftoient pas encore ? Ce font des queftions qu'on peut fe permettre, & ce font des abus que le miniftre de fa majefté cherchera fans doute à détruire, en fe réfervant l'admi-niftration de cette partie ci-devant attribuée au miniftre des finances.

Fonds de l'artillerie, génie, in-valides, ma-réchauffées. Je ne parlerai point ici des fonds rélatifs *aux travaux de l'artillerie & du génie*; leur véritable emploi eft d'être répartis fur tous ceux auxquels ils font deftinés & en proportion de leur im-portance. Je ne parlerai point non plus de ceux affectés aux *invalides*, aux *maréchauffées* ; les tréforiers des départemens feront fans doute chargés de payer ces dépenfes, chacun dans leur arrondiffement, d'après les nouvelles formes qui feront établies.

Police & adminiftra-tion géné-rale. Celles de *police & d'adminiftration générale*, regardent uniquement le miniftre, c'eft à lui à les adminiftrer à fa volonté. Il fongera fans doute

combien les payemens isolés & faits partiellement sur des ordonnances séparées dans chaque
province sont fâcheux pour la comptabilité, & sa
prudence lui suggerra sûrement tous les moyens
pour remédier à ces abus. Il seroit à désirer qu'il
chargeât toutes les différentes administrations
du soin d'acquitter toutes celles de ces dépenses
qui pourroient leur être analogues par leurs rapports, & qu'il empêchât sur-tout que les comptes
de ces différentes parties ne restassent séparés
dans des bureaux étrangers les uns aux autres,
où leur dispersion met presque toujours un obs-
tacle à leur vérification par l'impossibilité de les
réunir.

Il existe encore un autre service connu sous
le nom de *transports militaires*, il a pour objet
de faire parvenir à leur destination tous les approvisionnemens de l'artillerie, & toutes les
fournitures de l'habillement & des effets de
campement; il n'a point de fonds particuliérement affectés, ses dépenses sont acquittées sur
ceux de ces différens services.

Il a été executé originairement par entreprise;
mais cette forme donnoit lieu à trop de difficultés relativement aux passeports qui doivent
accompagner les effets pour les exempter des

droits dus dans certaines provinces ; elle avoit été reconnue difpendieufe parce que les marchés calculés fur le prix des voitures dans les faifons les plus cheres, ne permettoient plus de profiter des baiffes qu'ils éprouvent dans quelques autres, ou d'une année à l'autre, & qu'ils expofoient à des réclamations d'indemnité par des demandes de compte de clerc à maîre, pour peu qu'ils augmentaffent, ou qu'en raifon de certaines circonftances les tranfports devinffent plus multipliés ; enfin elle avoit été reconnue lente & par confequ'ent nuifible à la célérité indifpenfable dans certaines occafions, à caufe de l'intérêt des entrepreneurs, qui les engageoit fouvent à différer leur fervice pour arendre des occafions favorables. On a cru devoir y fubftituer une régie avec un droit de commiffion tenant lieu de traitem nt, de frais d'adminiftration & d'intérêts de fonds, fouvent en avance par les retards de paiemens. Un commiffaire breveté du roi en a été chargé dans les commencemens du miniftère de M. le duc de Choifeul. La manière dont ce fervice s'eft alors exécuté a répondu à l'efpérance de ce miniftre', & tous fes fucceffeurs pendant plus de 25 ans ont toujours cru n'y devoir rien changer. Malgré toutes ces raifons, ce fer-

vice vient d'être remis en entreptife par le confeil de la guerre, & quoique les prix qui ont été
accordés ne foient pas inférieurs à ceux de l'ancienne régie, quoique la manière dont le commiffaire s'en étoit acquitté eût dû peut-être parler en fa faveur, il en a eté dépoffédé. Je penfe
qu'il eft inutile d'avoir des marchés differens,
pour les tranfports des vivres, pour les tranfports directs des convois militaires, & pour ceux
relatifs aux approvifionnemens d'habillement ou
d'effets de campemens; qu'il feroit avantageux
de réunir tous ces fervices en un, qui correfpon-
droit avec les adminiftrations particulières de
toutes ces differrentes parties; & enfin frappé des
mêmes raifons qui avoient décidé M. le duc
de Choifeul, je penfe que la forme de la régie
eft préférable à celle de l'entreprife. Aujourd'hui
les differens fervices dont le roi s'eft refervé l'adminiftration, font confiés à des directoires féparés;
chacun a fes agens, fes fonds & fes bureaux
diftincts de ceux du miniftre, qui n'en a pas
moins des commis chargés de ces mêmes parties dans les fiens. Souvent un fervice a des
fonds morts, tandis qu'un autre en a befoin
d'extraordinaires, l'adminiftration de tous les
fonds du département devroit être une. Un Mi-

niſtre trop occupé d'autres affaires ſouvent plus
importantes, puiſqu'il embraſſe à lui ſeul l'enſemble de la machine entière, ne peut ſe rappeller à la mémoire tous les détails de toutes
les parties; elles doivent toutes ſe correſpondre,
elles ont toutes des liaiſons néceſſaires entre
elles; des agens particuliers ne les lui preſentent
jamais qu'iſolement, & il en réſulte des déciſions
contradictoires, plus ou moins fréquemment,
ſelon que les détails ſont plus ou moins diviſés
entre un plus grand nombre d'individus qui ont
tous une façon de voir differente. Un chef principal devroit en diriger la totalité ſous ſes ordres:
prévoyant tout, il verroit les beſoins de chaque
ſervice, réuniroit tous les comptes, les vérifieroit
& les éclaireroit tous. Des agens ſous lui en pe-
tit nombre pour chaque partie, prépareroient &
ſuivroient les détails; & les bureaux du miniſtre,
ſans être conſidérablement augmentés, puiſqu'ils
n'auroient guère que les mêmes fonctions qu'ils
ont aujourd'hui pour vérifier les travaux faits
dans ceux particuliers des différens directoires,
pourroient ſuffire ſans eux à toutes les expédi-
tions, qui ne ſe trouveroient plus dans le cas
d'être contredites ou reculées par les opinions différentes, ou la lenteur de pluſieurs agens deſ-

tinés à éxécuter les mêmes ordres. Ce font à ces détails que des commiffaires des guerres pourroient être employés avec fuccès ; on pourroit les choifir parmi ceux qui ne le feroient pas aux divifions , ainfi que je l'ai propofé ci-deffus.

Telles font mes réfléxions générales fur les détails principaux & fur l'enfemble de la partie importante de l'adminiftration des fonds de la guerre. Pour la traiter plus à fond il faudroit des mémoires détaillés & difcutés fur chacun des articles qui la compofent. Je fortirois des bornes que la prudence doit m'impofer fi je me permettois d'en dire davantage.

F I N.

OBSERVATIONS

Relatives au Chapitre XIII des dépenses, relativement aux changemens survenus par le Décret de l'Assemblée nationale du 28 Février dernier.

Dans le chapitre 13 ci-dessus j'ai porté les dépenses de soldes, malles, accessoires & appointemens à la somme de 67,821,925 liv. 1 sols 8 deniers ; les calculs présentés dans le second rapport du comité militaire avoient servi de base à l'établissement de cette dépense.

Le décret prononcé par l'assemblée nationale le 28 Février pendant l'impression de cet ouvrage, pour déterminer *que les soldes actuelles des bas-officiers & soldats dans tous les grades & dans toutes les armes feroient augmentées de 32 deniers par jour*, augmente les dépenses d'une somme de 2,655,151 liv., laquelle ajoutée à celle de 352,925 liv. 1 sol. 8 deniers, qui se trouvoit déjà en plus sur les 84 millions à affecter pour les fonds de la guerre produit un excédent réel de 3,008,076 liv. 1 sol. 8 deniers.

La loi impérieuse de l'économie défend à l'af-
semblée nationale d'accorder des fonds plus considérables que 84 millions.

La sûreté de l'empire & ses moyens de défense indispensable contre des voisins toujours
armés, la conservation du préjugé qui appelle
par honneur les officiers François au service,
empêchent toute réduction qui tendroit à affoiblir la force de l'armée ou les espérances d'avancement des militaires.

C'est donc dans des retranchemens de traitement ou dans des économies sur quelques parties d'administration, qu'il faut chercher les di-
minutions de dépenses nécessaires à opérer.

Une réduction considérable sur les appointe-
ment proposés pour les quatre généraux d'armée
& pour les 67 maréchaux de camp employés,
une diminution légère dans les augmentations
dont quelques grades avoient paru susceptibles,
sans néanmoins rien affoiblir des appointemens actuels, & même en augmentant encore
dans des proportions raisonnables, ceux qui
n'étoient point assez considérables, peuvent en
offrir un premier moyen. Cette réduction légère sur des améliorations de traitemens proposés, ne paroitra certainement pas dans ces

S

circonftances , un facrifice **pour des officiers** françois, dont l'honneur feul , & non l'intérêt , détermine le zèle & l'activité. Elle peut produire un retranchement de dépenfe de 1,170,252 liv. la différence de la folde calculée au complet, mais payable à l'effectif, les bénéfices réfultans au profit de la maſſe des hôpitaux de l'augmentataion même de la folde, qui lui donnera des fupplémens moins forts à payer pour l'excédent du prix des journées, enfin ceux à faire au profit de la maſſe de boulangerie, fur le pain des hommes abfents par congés tous les ans, dans la proportion que j'ai établie dans le chapitre 10 ci-deſſus , peuvent feuls procurer beaucoup au-delà des 1,847,824 liv. 1 fol 8 deniers, neceſſaires pour combler le déficit des dépenfes réfultantes de l'augmentation de folde décrétée.

Ces légers retranchements fur quelques appointements propofés pour les officiers, & ces économies poſſibles d'adminiſtration , peuvent donc rendre les 84 millions de fonds fuffifans, fans exiger aucun fupplément, ni aucune réduction dans le nombre des troupes & des officiers. Mon plan peut fubfifter en fon entier, & fi ces changemens en apportent quelques-uns

dans les détails des calculs de folde & d'appointements énoncés au chapitre 13, & dont
il feroit trop long de préfenter ici les nouveaux tableaux, ils n'en apportent aucuns dans
les bafes principales & dans les réfultats, fi ce
n'eft d'augmenter l'Economie du nouveau plan
en raifon de l'augmentation furvenue dans les
dépenfes des foldes, c'eft-à-dire de la fomme
de 1,837,824 liv. 1 fol 8 deniers.

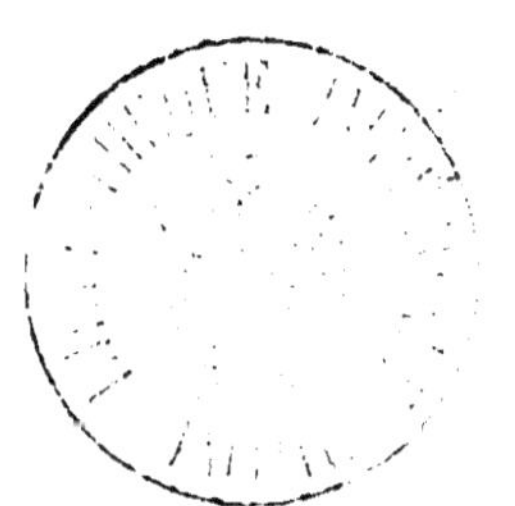